林灯◎著

呆瓜学园的数学故事

四年级

我是“大富翁”

海峡出版发行集团 | 海峡文艺出版社

呆瓜大侠
阿亚呆
丝瓜
木木瓜
书呆
麒麟瓜
美呆
小瓜
小呆
阿瓜
阿呆

目录

我是"大富翁"

"我买到了好地皮！"

"过路费 300 元，一分不少。"

"买买买！"

……

呆瓜学园放学后，呆瓜们正聚在一起玩大富翁游戏。

阿呆得意扬扬地大喊一声："我是大富翁了。"

"大富翁？百万富翁还是亿万富翁呢？"阿瓜冷不丁来了一句。

阿呆笑得合不拢嘴："我自然希望自己是亿万富翁啊！"

阿亚呆默默嘀咕道："那至少得有1亿元的财产啊！个、十、百、千、万、十万、百万、千万、亿，我数了数，1亿有8个0！"

阿瓜说："这样吧，咱们自创一个大富翁游戏，看谁能准确描述1亿元钱有多少，就能获得大富翁称号。"

小伙伴们一下子激动起来。

麒麟瓜抢着说："100张100元就是1万元，厚度大约是1厘米，1亿元相当于10000个1万元，厚度就约为10000个1厘米，10000厘米就是100米那么高。"

阿呆说："哇，这1亿元叠起来得有三十多层楼那么高啊！这钱就算都给我，我也抱不走啊……"

书呆说："这也太壮观了吧！不说不知道，一说吓我一大跳！"

阿瓜接着说：“我也说个更厉害的，你们想不想听？”

大家齐声喊道：“快说快说！别再卖关子了！”

阿瓜说：“大家一定觉得人民币是轻飘飘的吧？！据统计，100张面值100元的人民币，也就是1万元，才100多克重，10万元人民币才有1千克重。再怎么轻飘飘的人民币也终究是抵不过数量上的叠加呢！这样估一下，1亿元的人民币大概就有1吨重了。”

书呆露出了不可思议的表情：“我爸爸的体重差不多70千克，那1亿元相当于我爸爸体重的15倍……”

木木瓜说：“说得对！如果有人将1亿元的现金堆在你面前，那绝对可以叠成一道厚厚的墙壁了。”

阿呆说：“还有更令人惊讶的呢！你们了解了1亿人民币叠起来的高度和重量，那有没有想过如果将这些钱沿直线铺开后，到底又有多长呢？”

这番话说得小伙伴们心驰神往。

书呆说：“那一定很长很长吧，快揭晓答案！”

阿呆得意地说道：“1张百元大钞的长度大约是15.5厘米，10张就有155厘米，也就是1.55米，将1亿人民

币连在一起大概有155000米，也就是155千米。”

小呆连忙接话：“我知道，在高速公路上，如果小轿车的时速按100千米/时计算，那么小轿车大约要一个半小时才能跑得完这155千米呢！”

书呆恍然大悟：“这么一说我也知道了，155千米大概是我们到周边城市的距离。”

阿呆说：“你们说的都对，这样举例，就能想象到，把1亿元人民币铺开连接起来有多长了吧！”

“对呀！”呆瓜们纷纷感慨道。

阿瓜看到大家沉浸在1亿元的幻想中，赶紧提醒大伙：“大家醒醒吧，也别光想着钱啊！一寸光阴一寸金，寸金难买寸光阴。时间也是一笔大财富呢！1分钟是60秒，1小时是3600秒，一天约9万秒，一年3000多万秒，3年的时间大约就是1亿秒。”阿瓜换了一个角度开始介绍1亿。

小呆接着说：“平日里，总觉得秒是那么不起眼，其实，我们小学6年时光就有两个1亿秒……”

小伙伴们禁不住又感慨起光阴似箭、岁月如梭。他们总感觉什么话题跟1亿挂上钩之后，说也说不完。

不知道过了多久，阿呆提醒大家：“是呀，1亿虽然是个很大的数，但是肚子饿才是眼前要解决的问题，咱们赶紧收拾完回家吃饭吧！”

“呆瓜们，再不速速回家，今晚的饭桌上一定有‘笋干炒肉片’。”远处隐约传来一句话。

“快快快，小伙伴们，赶紧回家吧！”阿瓜说道，“游戏也只是游戏，财富五车不如学富五车。珍惜时间，好好学习，如果没有学问，大富翁也会变成‘大负翁’哟！现在先让我们的肚子‘富裕’起来吧……”

“调皮”的直线、射线和线段

清晨，阿呆从睡梦中醒来，往窗外望去——天阴沉沉的，灰蒙蒙的云挡住了太阳公公的笑脸，像一群灰色的小羊挤满了天空，还在慢悠悠地散着步。

阿呆可不喜欢阴天了，他想：“今天要上学了，可天公好像不作美呀！”

过了一会儿，“滴答滴答”的雨声传入了阿呆的耳

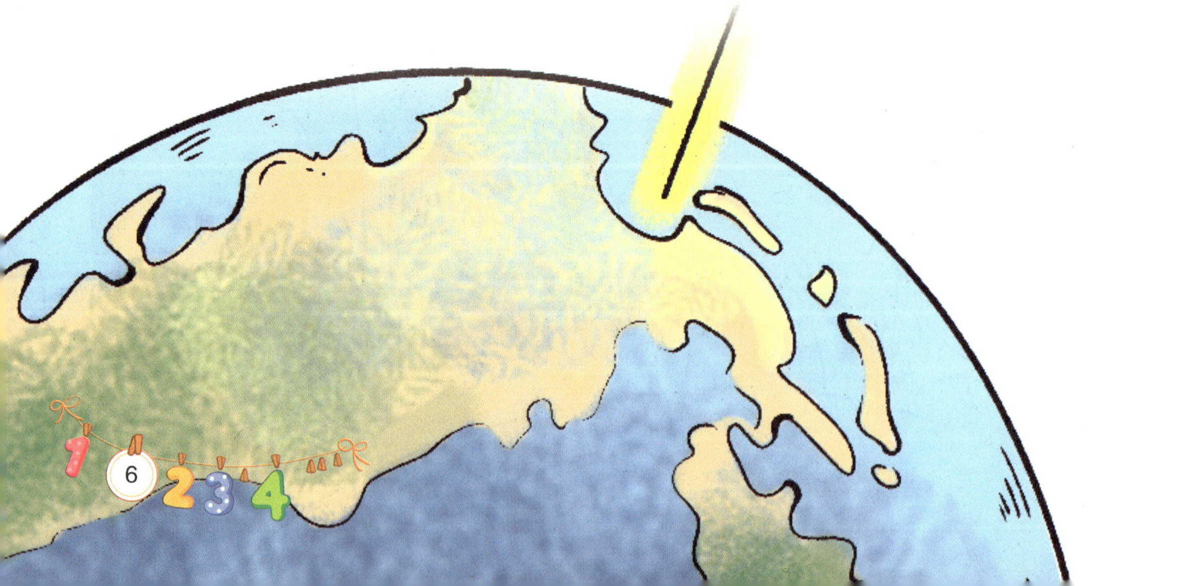

朵里。他看着细细的雨丝慢慢从天空中飘落下来，有些掉落在屋顶上，有些飘落在大树上，还有些藏进了草丛中，敲打出轻快的节奏。眼前生动的画面顿时使他豁然开朗。阿呆背起小书包走向了他心心念念的呆瓜学园。

小伙伴们穿起了五颜六色的雨衣，把校园点缀得像一座五彩缤纷的花园，真是漂亮极了！

“你好呀，小呆。”阿呆走向雨中穿着绿色雨衣的小伙伴。

“哇，原来是阿呆呀！你怎么能认出穿着雨衣的我呢？”小呆不顾夏天的细雨，探出了小脑瓜儿。

“我看到那矫健的步伐，就知道是你了。调皮的你就像能够无限延长的直线一样，自由自在。你看，你把水花溅得到处都是。”阿呆说。

“你就像射线。老师在的时候，你可听话了，就像你的一端，受到了端点的管束；可是下课后，你偶尔就会肆意大搞破坏，就像能无限延长的另一端一样。”小呆笑着反击。

在一旁听到对话的阿瓜也笑了，说："隔一个周末，同学们的本领可是见长了！这不，都用数学知识拌上嘴了。"

"那也说说你。阿瓜你就是线段，最老实听话了，两端都受到了约束，所以不能延长。"小瓜的思维就是这么敏捷，反击起来一针见血。

小伙伴们都笑起来了。没错，大家最近正在学的知识就是线段、射线和直线。

伴着"沙沙"的雨声和大家的说笑声，小伙伴们一起往教室走去。

到了教室，阿呆脱下湿漉漉的雨衣，坐在了窗边。刚才充满数学思维的交流，让阿呆望着雨丝陷入了沉思。

阿呆的念头，顺着雨丝爬上了太空。他惊讶地发现自己变成了一条直线，两端都可以无限地延长，这可太妙了！在太空中，阿呆不断地向上延长自己，他看到了浩瀚的宇宙。暗色的天空中太阳散发着光和热，它仿佛刚刚在银河里沐浴过似的，亮晶晶的，可美了。太阳发

射出的光就像一条条射线，不知道无限延伸到何处……

阿呆庆幸自己是一条直线，相比射线，他可以两端无限延长自己。于是他努力地向下延长，穿过了一片片云，看到了美丽的地球。地球是一个蔚蓝色的球体，就像一颗漂亮的蓝宝石。再往下延长，阿呆来到了地球表面，抵达了呆瓜学园。

阿呆累了，不想再往下延长了，就想停留在呆瓜学园。于是奇妙的事情发生了，阿呆突然有了一个端点，他变成了一条射线。可是他的另一端还在太空中无限延长，他该怎么办呢？

“再给我一个端点吧！”阿呆在心里念叨着。奇迹再次出现，阿呆又拥有了一个端点。不管两端距离多遥远，只要有了两个端点，他就是一条货真价实的线段了。太棒了！阿呆低头看着自己的身影，觉得简直太完美。

不过，阿呆只希望自己这条线段是180厘米，这可是他梦寐以求的理想身高呢！

一道光闪过，太阳出来了。

“阿呆，阿呆，快看，是彩虹。”阿瓜把阿呆从遐想中拉了回来。阿呆跟随着大家的脚步来到操场上看彩虹。在太阳如射线般的光照下，天空中出现了一道美丽的彩虹，五彩缤纷，如同一条弯曲的彩带，更像一座架在云朵间的彩虹桥。此时，呆瓜学园被赤橙黄绿青蓝紫的颜色包围着、笼罩着。

同学们脸上都挂着灿烂的笑容。彩虹桥下，阿呆、阿瓜、小呆相视一笑，不约而同地拉起了彼此的手。不管是射线、直线还是线段，呆瓜学园就是小伙伴们相交的交点，而这个交点里，充满了笑声和幸福。

世界那么大，我想去看看

这是一个风和日丽的星期天，呆瓜们一同到郊野公园游玩。饭后，大家坐在草坪上谈论自己的梦想。

书呆想要一个阳光房，在里面放上好多好多的书。春天，可以在书房里看着书、静心聆听雨声；夏天，可以在书房里听蝉鸣、数星星；秋天，可以在书房里听秋风扫过树叶时发出的“沙沙”响声；冬天，还可以在书房里看着书，沐浴冬日暖阳。置身在阳光书房中，书呆能感受四季的更迭……

小瓜想要吃遍中国的美食，每每在听贯口《报菜名》时，她总是专心致志！这不，小瓜又说起来了：“蒸羊羔、烧花鸭……”

木木瓜希望自己能成为一个游戏高手，玩遍各种游

戏，成为无敌手。而且，最重要的是，他想要设计出一款适合小学生玩的游戏。它不仅可以让游戏者感受到养成良好习惯的重要性，学会尊重师长和孝敬父母，还能从中学会生活技能，而且防止沉迷。

小呆则聊起他的英雄梦。超级英雄总是隐匿在人群中，外表平凡却身怀绝技，默默地守护着这个世界，保卫着地球。

吹着暖暖的风，大家畅所欲言，阿呆一不小心睡着了，直接做起了自己的将军梦。在梦里，他想建一座

35 公顷、辉煌气派的将军府，府内用的都是上等香樟木家具，雕刻精美绝伦……

“报告阿呆将军，末将有事求见。”

“进来吧！”

“报告阿呆将军，按要求建造的将军府已经选址规划好了！”

“将军府占地有多大呢？”

“将军府占地面积为 35 公顷。”

“阿呆，阿呆，快醒醒吧！你都睡了一个多小时了！”阿瓜摇了摇睡梦中的阿呆。

“真是气死我了！干吗叫醒我！你们知道吗？35公顷啊！那得是多大呢？我还想好好干出一番大事业呢！”阿呆生气地说了自己的梦中情景。

书呆：“我只知道这是比平方米还大的面积单位。1公顷有多大呢？”

这次阿呆果真是好好研究过的，他说：“边长是100米的正方形的面积就是1公顷，或者说1公顷=10000平方米。比如北京鸟巢体育馆的占地面积大约是20公顷，就相当于20个边长100米的正方形拼在一起。我的将军府邸有35公顷，也就是有1.75个北京鸟巢那么大。你，你，你，还有你们，好好想象一下吧！”

“哈哈，阿呆这个府邸确实挺大的！”阿瓜笑着说，“我去年暑假参观了天安门广场。天安门广场东西宽500米，南北长880米，地面全部由经过特殊工艺技术处理的浅色花岗岩条石铺成。算下来天安门广场占地面积应该是44公顷，是世界上最大的城市中心广场。”

呆瓜大侠接话说：“读万卷书，不如行万里路。大家知道吗？我曾经用自己的双脚丈量了呆瓜学园——大约占地3公顷。我游览过的厦门鼓浪屿面积是1.88平方千米。”

小伙伴们听到大侠又提到一个新的面积单位——平方千米，都好奇地围了过来。美呆问道：“我猜平方千米一定是比公顷要大的面积单位。”

小呆说：“对呀，学园有3公顷，鼓浪屿当然更大呀！”

……

大侠望着呆瓜们问道：“大家猜猜1平方千米有多

大呢？"

小呆说："1平方米是边长1米的正方形的面积，我猜1平方千米是边长1000米的正方形的面积。"

"不错！善于联想和推理，这也是学习数学的一种方法。你的回答是对的。"呆瓜大侠连连夸奖，并接着问，"那'公顷'与'平方米''平方千米'之间有什么关系呢？"这个问题引起了大家热烈的讨论。

"边长1000米的正方形的面积是1平方千米，也就是1000×1000=1000000（平方米），而1公顷=10000平方米，所以1平方千米=100公顷。"

"那1平方千米有没有两个天安门广场大呢？"

"刚刚阿瓜说过，天安门广场占地面积是44公顷，44×2=88（公顷），然而88公顷＜100公顷，所以1平方千米比两个天安门广场还要大一些。"

"答得好！学习就要这样，举一反三、融会贯通，这样才能不断进步。"呆瓜大侠为大家点赞，"不过，学习面积单位，我们可不能坐在这里干聊。世界那么大，呆瓜们，我们要多出去用脚步丈量世界……"

于是，大家约定暑假里分头去各地转转，回来分享世界到底有多大！

你瞧，永定土楼景区有 2200 多平方千米，泰宁大金湖的景区总面积约 136 平方千米，整个福建省的面积是 124000 平方千米，我们祖国的陆地面积是 960 万平方千米……

呆瓜们在成长的过程中，不断累积着对世界的认识。

“鸡”的变化规律

一年一度的美食节就要到了，呆瓜学园的学生们正紧锣密鼓地为了美食节筹备着。让我们一起去看看又会发生什么有趣的故事吧！

“我来准备气球和彩带装饰班级。”

“我要劲歌热舞，点燃全场！”

“那我就负责吃吧！”

“哈哈……”班级里发出一阵爆笑。

“严肃，严肃！”阿呆憋着笑说道，“美食节顾名思义以‘美食’为主，我们要吃得开心，更要吃得放心！听我分配：第一组带水果，第二组带点心，第三组带熟食……如果没问题就散会啦。”

“散会！”随着一声令下，呆瓜们蜂拥出了教室。

大家迫不及待地为活动开始采购。

傍晚，阿呆和阿瓜朝着热闹非凡的美食街走去。刚走到路口，香味扑鼻而来，引得路人饥肠辘辘。“滋滋滋”，烤架上美食“滋滋”作响，美食街里烟雾缭绕，飘香四溢。铁板鱿鱼、烤羊肉串、炸鸡、臭豆腐……

阿呆看着摊位上的美食垂涎三尺，说道：“终于可以名正言顺地‘大开吃戒’啦！”

“别忘了正事，我们可是来采购的。”阿瓜无奈地看了阿呆一眼。

“阿瓜，你看！这金黄的色泽、诱人的香味——炸鸡可是美食节的最佳选择呢！”阿呆咽了咽

口水。

阿瓜连连点头表示同意，他转头问："老板，炸鸡怎么卖？"

老板说："6 袋 88 元。"

阿瓜说："给我们拿 18 袋。"

"好嘞！"老板正敲打着计算器算价格。

阿瓜得意地说道："老板，别忙活了，给你 264 元。"

老板看着计算器的数字惊讶道："还真是 264 元！你小小年纪算得可真快呀！比我用计算器还快。"

阿呆睁着大眼睛问道："阿瓜，你怎么算得这么快？快教教我！"

阿瓜露出神秘的微笑，说："自然是因为我已经掌握了'积的变化规律'。"

"烤'鸡'有什么变化规律呀？"阿呆抓耳挠腮，陷入了沉思。

"哈哈！阿呆，真不愧是你呀！我说的是'积的变化规律’，面积的积。你先说说该怎么算？”

阿呆不假思索地说道：“要求18袋多少钱，得先求每袋的单价对吧？6袋是88元，每袋的价格就是88÷6=14.666……怎么除不尽呀？每袋该算多少钱呢？”

阿瓜笑着说：“这时候‘鸡’的变化规律就派上用场了。看，6袋是88元，如果把6袋看成1份，18袋就刚好是3份，也就是6袋的3倍，那么总价也就是原来的3倍，88×3=264（元），就能很快地算出18袋的价格啦！”

“有道理！数量翻倍，总价也跟着翻倍。”阿呆恍然大悟。

阿瓜继续解释：“可以这样理解，我们都知道：单价×数量=总价，当烤鸡的单价不变，数量乘几，总价也跟着乘几。”

“我明白了，这时候咱们把6袋88元看作单价，数量是3个6袋。”阿呆接着说。

“哈哈哈，买东西还做起数学题来了，为师深感欣

臭豆腐

慰呀！”爽朗的笑声从阿呆和阿瓜身后传来，原来是班主任呆瓜大侠。

呆瓜大侠说：“不仅单价、数量、总价有这样的关系，任何一个乘法算式都有这样的规律。举个例子，我这儿正好有三个乘法算式，你们上下打量打量，看看能不能发现什么规律？”

阿呆和阿瓜异口同声地说：“肯定有‘鸡’的变化规律。”

有了刚才对“鸡”的变化规律的初步了解，这里的“积”的变化规律可难不倒两个小伙伴。

算式②相比算式①来说，第一个因数3不变，另一个因数4乘2等于8，算式就变成3×8=24，积从12到24也是乘2；算式③相比算式①来说，第一个因数3不变，另一个因数4乘4等于16，算式就变成3×16=48，积从12到48也是乘4。

阿呆抢先回答：“简单！在乘法算式中，一个因数不变，另一个因数乘几，积也乘几。”

大侠高兴地说：“懂得总结概括，真棒！”

“我从下往上看，发现的是在乘法算式中，一个因数不变，另一个因数除以几，积也除以几。”阿瓜说着自己的想法。

呆瓜大侠赞叹道：“真了不起呀！你们说的正是积的变化规律，也就是说两个数相乘，一个因数不变，另一个因数乘或除以几（0除外），积也乘或除以几。”

突然，一个话音打断了他们的谈论，原来是炸鸡店的老板。

“看你们讨论得这么热烈，真不好意思打断你们。不过，我刚刚发现炸鸡数量有限，只能卖你们9袋。”

老板挠了挠头。

阿呆说："没问题，9袋炸鸡是132元。"

老板对阿呆竖起大拇指："小子，看来你也会举一反三啦！我真对你刮目相看！"

阿呆得意扬扬地说："这可难不倒我！刚才说18袋是264元，9袋刚好是18袋除以2，那么价格也要除以2，264÷2=132（元）。"

呆瓜大侠笑道："看来你出师啦，已经能灵活地运用积的变化规律了。"

阿呆激动地说："是呀是呀，今天可是太有意义了！不仅买到了美食，学习了数学知识，还能用知识解决生活中的问题，我又一次感受到知识就是力量呀！"

7个小伙伴

“阿瓜，你又在看什么呢？”阿呆好奇地问好朋友阿瓜。

“我在看《数学大百科》呀，今天这篇讲的是七巧板的来历。”阿瓜回答道。

“就是我们最近正在玩的七巧板吗？这 7 个小木块难道还有什么故事不成？”阿呆有些不屑。

阿瓜说：“当然了，它的历史可悠久了。”

“真的吗？那你给我讲讲吧。”阿呆是崇拜阿瓜的，他觉得阿瓜懂得真多。

“好吧，孺子可教也。看在你这么虚心求教的份上，我就跟你讲讲吧。”阿瓜高兴地说。

“北宋时期有个叫黄伯思的进士，特别喜欢热闹，

经常宴请朋友们。来的客人有时多，有时少，黄进士就得根据不同的人数摆不同的桌子，摆来摆去，竟然还摆出了艺术感。他用6张长短不一的桌子，组合成了各种图案，玩得不亦乐乎。

“后来有人跟黄进士说再增加1张桌子，7张更好，选择7是因为古人特别喜欢‘七’这个数字，黄进士也不例外，开开心心地加了1张。这套组合家具被称为‘燕几’，不过因为都是长条形的，摆来摆去也摆不出花来。

"到了明代，有个叫严澄的人，在长桌子的基础上又添加了梯形和三角形的桌子，开发出了更厉害的'蝶几'。蝶几的变化可就多了，如果来3个人可以摆成三角形的桌子，来4个人摆成四边形的桌子，来5个人摆成五边形的桌子，来6个人摆成六边形的桌子。严澄体会到了黄进士体会不到的乐趣。

"清朝的时候，人们融合了燕几和蝶几的优点，设计了七巧桌，现在故宫博物院里还保存着这样的桌子。不过，总是摆桌子，让人腰酸背疼腿抽筋，于是人们又把七巧桌变成了7块小木板，这样玩起来就不费事了。这就是现在的七巧板。

"当时上到王公贵族，下至平民百姓，大家都把七巧板作为娱乐的工具。逢年过节，他们用七巧板拼出许多吉祥的图案和文字庆贺节日。你以为七巧板的历史就到这了？还没有，18世纪时，七巧板还被传到了国外。相传法国的皇帝拿破仑在滑铁卢打了败仗，被流放到了圣赫勒拿岛，他竟然变'佛系'了，从喜欢扩张版图到迷恋上七巧板拼图。

“《韦氏大词典》中也对七巧板做了介绍，并给它取了个美丽的名字‘Tangra’（唐图），意思是来自中国的拼图。”

听完阿瓜的介绍，阿呆瞪大了眼睛，真没想到这看似不起眼的七巧板背后竟然有这么一段神奇的历史。

晚上回到家，做完作业，阿呆又把七巧板拿出来照着图纸拼了一些图案，有小猫、小狐狸、小鱼等等。不过他想起阿瓜说这都是小儿科，真正高级玩家的玩法是用同一副七巧板拼出“孪生图”“悖论图”。关于这点，因为时间紧，今天阿瓜来不及细说，明天还得好好问问他。

玩了一会儿，阿呆翻到图纸的最后，发现不知什么时候少了几页。太可惜了，从目录看，这几页介绍的是有趣的吉祥话拼法。

阿呆实在想象不出七巧板拼出的吉祥话到底是什么样子。他胡乱地试着，渐渐觉得有点犯困，就把头枕在桌子上眯了一会儿。

迷迷糊糊间，他听到了一些奇怪的声音。

“唉，阿呆，你好呀！”

“你们是谁？”阿呆揉了揉惺忪的睡眼，就看到了7个小木块。

“我们是你的好朋友七巧板呀。我是方方，这是大一和大二，这是小一和小二，还有中尖和四边。”说话的是正方形木块。

“你们好！”阿呆感到很神奇。

“我们一起玩吧！”小木块们邀请阿呆。

阿呆高兴地答应了。小一和小二最调皮，他俩肚皮贴肚皮，扮成假方方吓走了真方方。他俩背靠背，扮个假中尖乐翻了真中尖。他们俩一个直立一个倒立，假四边拉着真四边到处乱窜。

阿呆盯着它们一会儿，突然发现，7个小伙伴似乎在拼着什么图案。咦，好像是一个人双手合十地跪着。小一大声地说道：“这是‘祝福’图。”

“原来你们是在拼着吉祥图。”阿呆又惊又喜，赶紧在纸上认真记下图案的结构，“祈祷”“恭喜发财”“鹏程万里”“一路平安”……

“阿呆，快醒醒，怎么睡着了？”阿呆的肩膀被轻轻地推了一把。他睁开眼睛一看，爸爸正笑眯眯地看着他。他回头往桌子上看，他的七巧板正乖乖地躺在小盒子里。难道刚才的一切都是梦吗？他看了看面前的白纸上，什么都没有。不过自己的手上不知什么时候已经拿着笔了。

什么都不说了，赶紧把刚才看到的图案记下来吧，这可是7个小伙伴送给阿呆的大礼啊！

小朋友们，如果你手边正好也有七巧板，就让我们对着阿呆记录下来的图案一起试试看吧！

太棒了

祝福

祈祷

恭喜发财

鹏程万里

一路平安

再见

一帆风顺

可乐变变变

春日来临，万物复苏，碧草如茵，真是野餐的好时节啊！呆瓜们约好，周末来一场说走就走的野餐。

想要参加的人还不少呢！于是，呆瓜大侠将野餐的任务安排交给了阿呆和阿瓜全权负责。这天放学后，他们在小区公园里商量周末野餐的事宜，大家分头去准备主食、零食、饮料、甜品、餐具、纸巾……每个人都行动起来为周末的野餐做好筹备工作。

带着期待而又美好的心情，终于迎来了周末的野餐。到了郊野公园，呆瓜们热情高涨，有的和呆瓜大侠一起搭帐篷，有的摆餐桌小凳子，有的将带来的零食、甜品、饮料等摆成了爱心造型……每个人脸上都洋溢着开心的笑容，这一张张笑脸比春日里的阳光还要美好。

收拾妥当后，呆瓜们在草坪上追蝴蝶、放风筝……玩得不亦乐乎。玩累了，大家就躺在毯子上，享受着清凉的微风，聊聊天说说话，一个个都笑得前仰后合！

这时，阿呆提出可以分饮料了——躺在草坪上喝着可乐多惬意啊。

他说："之前我以为参加野餐的是6个人，我准备了24瓶小可乐……"

话音未落，小伙伴们都叫起来："不够不够，再多点再多点！"

看到大家兴高采烈的样子，大侠也笑着接口道："你们说的是什么不够呢？是要人再多点吗？"

大伙儿都笑了，当然是可乐不够啦！

小呆说："大侠，你可真会开玩笑。24 ÷ 6=4（瓶），原本每个人能分到 4 瓶小可乐，现在我们来的不止 6 个人，每个人分得的瓶数已经变少了。"

阿亚呆说："对啊，现在来了阿瓜、小呆、小瓜、书呆、麒麟瓜……还有呆瓜大侠和我，一共 12 个人。24 ÷ 12=2（瓶），每个人才分到 2 瓶。"

麒麟瓜若有所思地说："阿呆买了 24 瓶小可乐，原来只有 6 个人，现在 6 × 2=12（人），人数变成了原来的 2 倍，当然每人分到的数量就少了，变成了原来的一半，4 ÷ 2=2（瓶）。"

书呆说："如果今天只来了 3 个人，人数变成原来的一半，6 ÷ 3=2，那么每个人分到的就是原来的 2 倍，4 × 2=8（瓶）。"

阿呆突发奇想："如果只有我一个人，那 24 瓶可乐我就全包了！可乐在我肚子里自由晃荡，哈哈哈。"

一直没说话的小瓜冷不防插嘴说："那你就成饮料机了，咱们往你嘴巴里投个币，你就会吐出一杯可乐来。”

小伙伴们想象着“阿呆饮料机”的样子，都哈哈大笑起来。

呆瓜大侠说：“是啊，总瓶数都是24瓶，也就是说被除数不变，除数乘以几，商反而除以几；除数除以几，商反而乘以几（0除外）。这是‘商的变化规律’中的一种情况。”

阿呆说：“大家别急，刚才我的话还没说完……原以为参加野餐的是6个人，我就准备了24瓶小可乐。后来发现有12个人，我就带了48瓶小可乐。”

大伙儿一听，高兴极了，原来是可乐变多了。

还没高兴一会儿，呆瓜大侠的新问题又来了：“这时候，可乐的瓶数和人数都扩大2倍，平均每个人分到的可乐数会怎么变化呢？”

小呆立马抢答：“肯定也要扩大2倍，$4\times2=8$（瓶）。”

阿呆嘴里念念有词：“非也非也，我算过了，还是4瓶！”

小呆摸着脑袋说：“这到底是怎么回事呢？”

“对呀，你只看到小可乐变多了，人也变多了啊！就算小可乐数量扩大 5 倍，只要人数也扩大 5 倍，那么每个人分到的小可乐和原来还是一样。不信你算一算，$24\times5=120$ 瓶，$6\times5=30$ 人，$120\div30=4$ 瓶。”阿瓜赶紧站出来提醒其他人。

大侠笑着说道：“其实也就是被除数和除数同时扩大相同的倍数（0 除外），商不变！数学中，我们也可以说同扩同缩，商不变。”

“被除数不变、商不变，接下来该轮到除数不变了吧？”小瓜又冒出一句。

远处的木木瓜开心地喊道：“大家快看，我遇到谁了呀？”原来是隔壁快乐学园的热带鱼、小蚊子、乐天派、快捷键和他们的小伙伴们也来公园郊游啦！

一群小朋友玩得不亦乐乎！临分别前，热情的呆瓜们分了 24

瓶小可乐给他们。那么问题来了，现在呆瓜们还是12人，每人可以分到的小可乐又有什么变化呢？

有了刚才的思维热身，小伙伴们这回马上就发现规律了。

"阿呆，人数12还是不变，可乐原有48瓶，分走了24瓶，相当于总瓶数除以2，所以每人分到的小可乐变成了原来的一半，4÷2=2瓶。"书呆抢答道。

这回，阿呆跟上了节奏："是啊，除数不变，被除数除以几，商就除以几；被除数乘以几，商就乘以几（0除外）。看来，这也是'商的变化规律'之一。"

呆瓜大侠说："大家看，被除数、除数、商三个量，不管怎么变，都有一个量是不变的。这里面就有着三个商的变化规律。”

呆瓜们恍然大悟，原来生活中有这么多与数学相关的事情呢！

今天的快乐真是翻倍：周末、野餐、小伙伴、学数学……生活很简单，快乐也很简单啊！

阿呆的零花钱

呆瓜学园放学后，小伙伴们成群结伴回家。在路上，呆瓜们讨论起来，父亲节快到了，要给爸爸准备什么礼物好呢？

阿呆想了好久，也攒了好久的零花钱。他觉得爸爸工作太辛苦了，想给爸爸买一个颈椎按摩器。可是，他攒下的零花钱还买不起这个礼物。

“爸爸，我申请增加零花钱……”可是话还没说完，阿呆的请求就被爸爸打断了。

“不可以，阿呆。”阿呆的爸爸坚定地说，“你的零花钱够用啦！”

阿呆叹了一口气：“我每周 3 元零花钱，可其他同学都至少有 5 元，班上同学的零花钱都比我多。”阿呆

心里想着，我是为了攒钱给爸爸买礼物，现在却不能说出来，不然就没有惊喜了。阿呆一筹莫展。

阿呆爸爸正要去上班，他在萌宝宠物食品公司工作：“我晚上7点回家。”说完，他摸摸阿呆的头就出门了。

“宝贝，对不起，你爸爸的工作太忙了。”妈妈一边收拾厨房一边说，“他最近满脑子都是公司的事。”

妈妈这么一说，倒让阿呆冷静了下来，他想到了一个主意。

晚上，阿呆爸爸下班回到家。阿呆在电视机前走来走去，手里举着一个大牌子，上面写着：“涨涨零花钱，高兴你我他！”

可阿呆爸爸只是抬了下眉毛，什么也没说，就回到了书房继续工作。

第二天，阿呆又出了一招，他在冰箱门上贴了个便利贴，上面写着："别忘了，给阿呆涨些零花钱噢！"

可爸爸似乎根本没看见，绝口不提此事。

星期六一大早，阿呆又在爸爸的工作日志上留了言："上午10时，请和阿呆商议涨零花钱的事。"

阿呆爸爸看完留言也只是笑了笑，便带阿呆去了动物园。平日里，动物园可好玩了，可今天，阿呆的心思并不在这儿。他一直想着零花钱的事，怎么才能让爸爸把他的话当回事儿呢？

星期一，呆瓜大侠和呆瓜们一起学习了《条形统计图》。条形统计图很特别，可以很直观地看出数据的多少。课后，呆瓜大侠给大家留了一项作业：生活中，你遇到哪些可以用条

形统计图来解决的问题？请你收集信息，并用统计图表示出来。

“有办法啦！”阿呆立马自言自语道。

吃午餐的时候，阿呆迫不及待地问了其他呆瓜们有多少零花钱，并记录了下来。

回到家后，阿呆立马在卧室地板上铺开一大张图纸。阿呆先在图纸的左侧写下数字1到10，每一格代表1元钱，接下来他把同学的名字标在每一列下面。然后，他开始涂色。

阿呆画完以后，发现代表阿瓜、小呆、书呆三个人零花钱的条形图像高塔一样，麒麟瓜的最高，就像摩天

大楼！而阿呆和小瓜的只像个小房子。

阿呆的条形图一下子引起了爸爸的注意，他端详了半天说："有意思，但我还是觉得3元钱已经足够了。你看，小瓜的零花钱和你一样多，她每周也只有3元呢！"

这时候，阿呆发现，虽然爸爸还是没表态能否给自己涨零花钱，但是口气不像以往那么坚决了。阿呆觉得他的条形图方法开始奏效了。

第二天，阿呆又在同学们之间做了一项调查——呆瓜们平日里做多少家务活。阿瓜和小呆做2项家务，麒麟瓜做3项家务，小瓜什么家务都不用做。

阿呆呢？阿呆要做的家务可不少，当然他也耍了一点儿小聪明，把要统计的家务活项目设置得可讲究了！

你瞧，阿呆要做的家务活有折衣服、扫地、洗碗、擦桌子、倒垃圾、喂狗、遛狗、洗狗、陪狗……

发现了吧，养狗成了家务活的"大项目"，那是因为大部分小伙伴都喜欢养猫，只有阿呆家里养狗。聪明的他这时候当然不会在图上设置养猫的家务项目。

于是，代表阿呆做家务活的条形图成功地成了高塔，其余呆瓜们的条形图都成了小房子。这简直就是肯定的呀！

晚上，阿呆爸爸花了整整10分钟研究阿呆的这两张条形图。他摸了摸下巴喃喃自语，然后起身走进了他的书房，却什么都没说。

阿呆爸爸整晚都没有出来。阿呆摸不准这是好事还是坏事，姑且先当作是好事吧！

可结果呢？不光是好事，还是件大好事。

第二天傍晚，阿呆爸爸很早就到家，并给了阿呆一个大大的拥抱。他说："谢谢你，阿呆！"

"我今天开了一个非常重要的会。"爸爸说，"我赢得了一个新客户。正是你的条形图启发了我，昨天晚上我也把干巴巴的文字叙述做成了条形图。结果，美嘉乐超市选中了我们萌宝宠物公司，没有选另外4家宠物食品公司。"

爸爸把他做的条形图拿出来。一张图表展示的是萌宝宠物和其他4家宠物食品公司的狗粮口味评比统计图。可以看出，狗狗们最喜欢萌宝宠物公司生产的狗粮。另一张图表展示的是兽医们平日对宠物食品的选择，萌宝宠物还是第一名！

看到爸爸高兴的样子，阿呆也很开心，他也给了爸爸一个大大的拥抱。

“走，去叫上你妈妈！”爸爸说，“咱们今晚到外面吃饭，庆祝庆祝！”

阿呆和爸爸妈妈一起钻进了汽车。他们来到了阿呆最喜欢的餐馆——呆瓜美食园！

阿呆爸爸让全家人都举起杯来：“为阿呆干杯！”

阿呆不禁说道：“爸爸，应该是为你干杯吧！祝贺爸爸又成功赢得大客户！”

阿呆爸爸笑着说：“阿呆，你想过吗？每周的零花钱多少才算够呢？其实只要计划得当，3 元钱也能发挥足够的作用！不过，这次，你不仅没有发脾气耍赖要求涨零花钱，还用学过的知识来说服我。而且你做的条形图非常清楚，也特别有说服力！恭喜你阿呆，你又成长啦！所以，为你的懂事，为你的成长，我决定，给你涨零花钱！”

阿呆对自己也很满意，当然要感谢条形图帮他表明了观点，现在他终于得到更多的零花钱了。

一家人都举起了杯子说：“为阿呆干杯！”

阿呆说：“为条形统计图干杯吧！”

当天晚上，阿呆就把那两张条形图贴在卧室墙上。他躺在床上欣赏着它们，嘴角露出得意的微笑。一周前，爸爸还不肯改变自己的想法呢！现在，爸爸虽然还不知道阿呆是想要攒钱给他买礼物，但是爸爸能从阿呆的角度去考虑问题了，这就是知识的力量吧！

沏茶的秘诀

不知道从什么时候开始，学园里开始重视起劳动课程。这下太合阿呆的胃口了，他每天回家总是抢着帮忙做家务，拖地板、洗碗、折衣服……

对阿呆的积极表现，妈妈当然是开心的，毕竟做家务能帮妈妈减轻负担，还能培养吃苦耐劳的毅力。可是，妈妈慢慢又发现不对了，阿呆对家务活一直保持热情，每天一回家总是优先想着做家务，对完成作业却不怎么积极，每天磨磨蹭蹭到很迟才写完作业上床。

妈妈想：“这样也不对啊？怎么才能在劳动中让阿呆完成学习思考呢？”想着想着，终于被妈妈想到一个好办法。

这天是星期六，妈妈一大早就给阿呆交代了任务：

今天有朋友要到家里做客，要阿呆整理一下客厅，并沏壶好茶招待他们。

接到任务，阿呆浑身是劲，能帮助家人做点家务活，忙前忙后的，多充实啊！不过今天妈妈的任务还有个附加条件——原来妈妈告诉阿呆沏茶的6道工序和每一步所花的时间，要求阿呆想明白怎么做才能让客人们尽快喝上茶。做个家务难不倒阿呆，可是要算出用尽量少的时间泡好茶，就得让阿呆想老一会儿了。

“丁零零”，清脆的门铃声响了，难道妈妈说的客人已经来了？阿呆赶忙开门一看，原来是阿瓜来了，

显然，阿瓜并不是妈妈说的客人，因为阿瓜早就和自己约好周末一起做作业了。不过，客人说来就来，怎么尽快沏茶，阿呆还没想明白。

“阿呆，怎么一早就有点发愁的样子？”阿瓜关心地询问道。

“哎，今天家里要来客人，可是妈妈早上有事外出了，要我独挑大梁接待他们。”

“那不正是你最擅长的吗？”阿瓜一脸疑惑。

“妈妈布置了任务，要我先算出尽快沏好茶要花多少时间。”

“别光想呀！咱们拿支笔写一写、算一算，模拟一下沏茶的过程，说不定问题就能迎刃而解了。”阿瓜为阿呆出谋划策。

“说干就干，快快快！”阿呆拉着阿瓜冲向书房，迫不及待地要解决这个“沏茶问题”。

阿呆拿着笔却不知从何下手，他说：“洗水壶 1 分钟，接水 1 分钟，烧开水 8 分钟，然后洗茶杯 2 分钟，拿茶叶 1 分钟，最后沏茶 1 分钟。1+1+8+2+1+1=14 分钟，难道是把这些步骤的时间一个个加起来，得出的这 14 分钟就是最短的时间吗？”

阿瓜说：“到底是不是，试了才知道。我们先给沏茶的步骤和时间排个序模拟一下吧！”

阿瓜边说着，边摆弄着沏茶的姿势：“洗水壶 1 分钟，接水 1 分钟，烧开水 8 分钟……不对不对，烧开水的时间长达 8 分钟，这期间我们可以做点什么呢？”

阿呆看着本子上阿瓜写的沏茶的过程，像发现新大陆一般，惊呼道："是呀！我怎么没想到！有的事情可以同时做。洗茶杯 2 分钟，拿茶叶 1 分钟，一共 3 分钟，我们可以在等待烧开水的 8 分钟内同时完成。"阿呆兴奋地说。

"是呀，这样就能节省出 3 分钟。1+1+8+1=11 分钟。11 分钟就是最短的时间。"阿瓜同意地点点头。

阿呆脑洞大开，接着说："既然可以同时做很多事，烧开水的 8 分钟这么长，我们可以在这时候做其他所有的步骤，这样不就只要 8 分钟了吗？"

阿瓜捧腹大笑："哈哈哈哈，阿呆清醒点吧！水壶要洗干净了，接完水才能烧水，这些事情是有先后顺序的，不能同时做。"

阿呆不好意思地跟着笑起来："看来，节省时间的秘诀就是同时做不同的事，但是一定要注意，并不是所有的事情都能同时做，还要思考这些事情发生的先后顺序。阿瓜，谢谢你帮助我解决了这个难题！"

阿呆把关于沏茶问题的思考告诉了妈妈。妈妈满意地说："多劳动，多动脑，这才是成长的正确方法啊。"

中午，妈妈拎着大包小包的东西进厨房，自言自语道：“电饭锅煮饭 25 分钟，洗菜 5 分钟，拣菜 10 分钟，炒菜 20 分钟，洗碗 8 分钟。哎，能在 1 小时内完成这些事情吗？”

阿呆听闻，脑海中飞快地将这些事情排序，并思索着哪些事情可以同时做。片刻，阿呆斩钉截铁地跟妈妈说："能！听我的安排，最快只需要43分钟就能完成。"

"宝贝，你打算怎么做呀？"妈妈惊讶地问。

"我们可以先洗菜5分钟，拣菜10分钟，炒菜20分钟，一共需要5+10+20=35分钟。电饭锅煮饭只需25分钟，35分钟内可以同时完成洗菜、拣菜、炒菜、电饭锅煮饭这4个步骤。接着，洗碗8分钟，用时35+8=43分钟。"阿呆得意扬扬地说。

"我的宝贝太厉害了，已经懂得合理安排时间啦！"妈妈欣慰地拍拍阿呆的脑袋，"不过，洗碗的8分钟不能在35分钟里做吗？"

阿呆说："那可不行，洗菜、拣菜、炒菜忙个不停，只有煮饭不需要自己动手可以和别的事同时做，洗碗可就腾不出手了啊。这些事情是有先后顺序的。"

妈妈笑着说："真棒，你的思考非常全面了！"

"是呀，这个很简单啦！想要节省时间就要想想哪些事情可以同时做。哎呀，难怪现在很多人都是一边走路，一边用手机发信息，这样也能节省时间！"阿呆说。

妈妈语重心长地说："阿呆，妈妈是不支持'一边走路，一边用手机’的行为，虽然能节省时间，但是不利于眼睛的健康，还很不安全。我们在节省时间的同时还要考虑方案的安全性和科学性。”

阿呆说：“妈妈，我明白了！省时、排序加上安全、科学，才算是学会了真正地合理安排时间。”

妈妈开心地说：“这样带有思考的家务活，你觉得怎么样？”

阿呆回答：“好是好，不过今后你得奖励我，哈哈哈哈。”

妈妈不动声色地说道：“没问题，不过你得在每次劳动前，编一道有意思的数学问题，这样才能让我给知识‘买单’哟。”

小猪快跑

周三上午，快乐学园课间活动结束后，乐天派神秘兮兮地跟快捷键说：“你听说了吗？近日呆瓜学园有大事要发生，咱们要不要去凑个热闹？”

快捷键说：“走起！咱们放学就去瞅瞅。”

乐天派和快捷键放学后，赶忙往呆瓜学园走去。他们隐约听到学园中传来《运动员进行曲》……原来，呆瓜学园一年一度的运动会正在进行中！

蓝天白云，操场跑道，只见，矫健的运动健儿们在奔跑跳跃，在舞动飞扬，展现着呆瓜学园的青春活力！

乐天派和快捷键可兴奋了，今天来得正是时候。呆瓜学园运动会的赛程即将进入最受大家喜欢的“赛猪大会”。

俗话说，猪的全身都是宝。学园的勤工俭学基地里，大家喜欢养的是小猪。慢慢地，大家发现小猪常常在特大的围栏里自由玩耍，个个骁勇善跑，已经堪比野猪了。于是近年来，运动会逐渐增加了赛猪项目。

只听主持人说道：“亲爱的观众们，大家好！走过路过千万不要错过！一年一度的赛猪大会决赛，即将开始！今年进入决赛的依然是我们最优秀的驯猪师——阿呆和阿瓜！到底，今天哪个队将获得胜利呢？场外的观众们，你们的掌声在哪里？呆队的粉丝在哪里？掌声响起来！瓜队的粉丝掌声响起来！看来今天又将是一场激烈的比赛，让人拭目以待！让我们掌声不停，有请选手和他们的小猪闪亮登场。”

场外的小呆听完介绍，转身和小瓜说：“冠军非我

呆队莫属，呆队的三只猪脚力值分别是6、4、2，你们瓜队的三只猪脚力值分别是5、3、1。我们每一只猪都比你们高一个档次，呆队威武！”

小瓜笑道：“我看你们也别高兴得太早，比赛中还有种种不确定因素呢，且看谁能笑到最后！”

小呆说：“一周前，两队刚刚在练习赛上交过手。三轮比赛下来，我们呆队3∶0大获全胜。”

小瓜说：“想来那次比赛太可惜了，你们呆队的每只猪都只比我们瓜队的快那么一丁点儿而已啊！”

小呆说：“比赛比的就是实力，有时候差那么一点儿，你就是赶不上，所以，哈哈哈……”

主持人说：“两队的支持者互不相让啊，我们还是

赶快把视线转回到赛场吧！目前，我们已经拿到了呆队小猪的出场顺序。不出意料，第一轮他派出了最优秀的小猪‘赢赢’，第二轮他派出了中等的小猪‘定定’，第三轮他派出了最弱的小猪‘拉拉’。他们的寓意非常明显了，那就是‘赢定啦’！接下来我们等待瓜队的三个排序。”

小瓜疑惑地说：“奇怪了，阿瓜怎么还不公布上场顺序？”

阿呆得意地喊：“我这三只猪就在这里，随你怎么摆阵型，胜利一定是属于我的！哈哈哈，大家为我加油吧！”

一时间，以小呆为首的呆队粉丝高喊：“阿呆好猪！

阿呆好猪！"

小瓜无奈地想："这口号也是没谁了……"

木木瓜撇了撇嘴："真看不惯他们这么嚣张的样子！"

阿瓜安慰道："别急，我们也不是完全没有获胜的机会！不妨一局一局来分析一下取胜的可能性，我们把所有对阵情况都排列出来试试看。"

小瓜说："第一局，呆队的'赢赢'猪出场，我们完全比不过啊！"

阿瓜说："这点，我练习赛后就想到了。大家看出来了吗？比赛规则是三局两胜，我只要想办法赢下阿呆的中等猪和下等猪，最后的胜利者就是我！"

麒麟瓜赞同道："没错，我们只要搞定脚力值为4的'定定'和脚力值为2的'拉拉'这两只猪，获胜的就是我们队。"

阿瓜赞许地点点头："没错，我们只需如此这般……"

……

阿呆说："看瓜队会使出什么诡计。为了安全起见，我还是调整一下顺序。我先派出'定定'猪，再派出'赢赢'猪，最后派出的'拉拉'猪好了。"

呆队调整出场顺序的消息传来，瓜队又进行了一番紧急调整。

主持人激动地喊："观众们，激动人心的时刻来了，千万不要眨你们的眼睛，比赛正式开始！"

第一轮，阿瓜竟然没按常理出牌！竟然用脚力值为5的上等猪打败了阿呆的中等猪"定定"！

不过还好，第二轮战罢，阿呆的上等猪"赢赢"不出意料地轻松打败了阿瓜队的下等猪。

这样一来，双方就一比一了。

决定胜负的第三轮要开始了，阿瓜队脚力值为3的中等猪对战阿呆队脚力值为2的"拉拉"猪。阿呆和队员们还没想明白，到底为什么成了这样的对阵，现场已经传来战报，果不其然，第三轮的结果是瓜队获胜了！

一时间，赛场上响起了瓜队粉丝的呐喊。

阿呆震惊了，说道："二比一？！我的天，一点儿

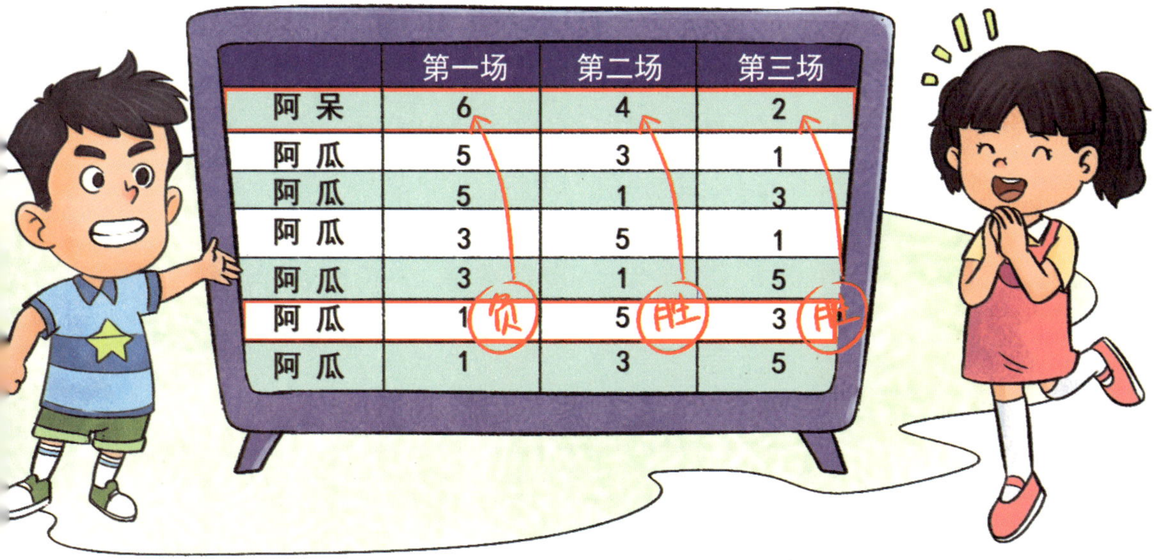

	第一场	第二场	第三场
阿呆	6	4	2
阿瓜	5	3	1
阿瓜	5	1	3
阿瓜	3	5	1
阿瓜	3	1	5
阿瓜	1	5	3
阿瓜	1	3	5

也不科学啊！"

阿瓜摆摆手，说："不，这非常科学。不管你怎么出，你的上等猪'赢赢'总是无敌的，所以我用下等猪锁定你的上等猪。只输一局没关系，好戏在后头。接着，我的上等猪就认准你的中等猪，而我的中等猪盯紧你的下等猪，这两局我是赢定了。最后比分二比一，我才是王者！"

阿呆被阿瓜的话惊呆了，他愣住了，半天说不出一句话。

阿瓜说："这就是排猪布阵中的最优策略！所以你们不一定能赢！"

主持人说："阿呆输在了轻敌，阿瓜赢在了策略。如果比赛的规则是双方都不暴露排列顺序，你们觉得谁获胜的可能更大呢？"

乐天派和快捷键对视一笑，今天可算是没白来！一个月后快乐学园也要开运动会了，他们看完呆瓜决赛后，准备大干一场。首先，回家要好好训练自己的猪队。其次，还要去打探消息，知己知彼，方能百战百胜。当然最为重要的是，比赛中要有全局观念，在整体实力与对手相当或者略低于对手的时候，要想取得胜利，那就要巧妙地用数学策略排兵布阵了！

快乐学园的赛猪大会，冠军将花落谁家呢？

烙饼大师

呆瓜学园不是一个纯粹只学习的学园，可以这么说，只要是需要掌握的技能，都可以在学园里找到相关的课程或者活动。

你瞧，最近为进一步激发呆瓜们的劳动热情，让他们深刻了解劳动的意义，树立爱劳动、会劳动的意识，呆瓜学园组织了一场以“烹饪”为主题的劳动实践活动——呆瓜学园烹饪大赛。

这次报名参赛的一个个都是身穿厨师服，手持锅铲的烹饪高手！首先入场的是小厨师阿呆，他气宇轩昂地朝我们走来了，看来他今天信心满满！紧跟其后的是小厨师阿瓜、麒麟瓜、小呆、木木瓜……

不过，既然是学园的烹饪大赛，那当然与酒店的烹饪大赛不一样咯。

我们看看本次挑战大赛的比赛规则：

①锅中每次最多能烙 2 张饼。

②每张饼的两面都要烙。

③烙饼的每面都要烙 3 分钟。

第一关：最快烙好 3 张饼的厨师获得晋级资格。

一声令下，第一组厨师们迅速行动起来了。只见阿呆厨师不慌不忙地拿起2张饼放入锅中，3分钟烙熟了这2张饼的正面。接着他马上将2张饼翻过来烙它们的反面。这不，才6分钟他就准备开始烙第3张饼了。

不过这第3张饼阿呆也用了6分钟才烙好，总用时12分钟。和阿呆同时烙好3张饼的有小厨师小呆、木木瓜。

再看第二组。这组由阿瓜厨师领衔，经过了第一轮的观察，这组选手显得更加胸有成竹。

一开始，阿瓜也是放入2张饼一起烙，3分钟后，2张饼的正面熟了。可是这时候，他并不直接将2张饼翻过来烙，而是取出了第2张饼，只将第1张饼翻了个面，同时将第3张饼放入和第1张饼的反面一起烙。6分钟时间过去了，阿瓜只烙好了1张饼，和阿呆相比，阿瓜确实落后了。

可是，看阿瓜的操作方式与众不同，所以大家继续期待着阿瓜接下来的表现。只见他取出了已经烙好的第1张饼，将第2张饼的反面放入锅中和第3张饼的反面一起烙。时间又过了3分钟，这时候第2张饼和第3张饼一起烙好了。阿瓜只用了3次就烙好了3张饼，花了9分钟时间。和阿瓜同时烙好3张饼的有小厨师麒麟瓜。

掌声恭喜小厨师阿瓜和麒麟瓜进入晋级赛。

只听主持人正在采访："阿呆，刚才你们明明是领先的，怎么最后反而输了呀？"

阿呆摸着脑门儿说道："我也没想明白，怎么突然之间就输了呢？小呆、木木瓜你们想明白了吗？"

小呆说："我复盘了一下阿瓜的烙饼过程，他烙完前2张饼的正面，也不着急就烙它们的反面，而是烙了其中一块的反面和第3张的正面，这样最后就可以让第2张和第3张的反面一起烙。像这样的交叉烙法确实和我们的烙法不太一样，到底秘诀在哪里呢？"

木木瓜说："听你这么一说，我似乎明白了，他们一共烙了3次，每次都保证锅里有2张饼，共3×3=9分钟。而我们看似前半场是领先的，烙完2张饼才花6分钟，可是烙第3张饼的时候，就没得替换，只能等着烙完正面，再烙反面，所以一共烙了4次，3×4=12分钟。要是我们也能做到每次烙的时候，锅里都有2张饼，这样就不会空锅，时间上就更节省了！”

经过这么复盘反思，交叉烙法让他们输得心服口服，看来烙饼前先深度思考，找到更好的策略才能更快完成任务。

比赛进入第二关：最快烙好4张饼的厨师获得晋级资格。

呆瓜们纷纷凑上前去，好奇地想：现在多了1块饼了，该怎么进行交叉烙法呢？应该更复杂了吧？

只见阿瓜和麒麟瓜两人像是孪生兄弟般，动作一模一样：他们先是放入2张饼，烙完正面再烙反面，接着放入第3和第4张饼，烙完正面再烙反面，这样一共烙了4次，3×4=12分钟。两人双双完成任务。

第一组的选手们看到这里，不禁哑然失笑：同时烙4张饼时，每次锅里都能放2张饼，本来就没有浪费，当然不用交叉咯！

小呆叫道：“像这样饼数是偶数时，2块

同时烙起来，4 块饼都烙完两个面，就是烙 4 次啦！而每次 3 分钟，3 × 4=12（分），所以是 12 分钟。”

木木瓜也说：“对啊，4 块饼，一共有 4 × 2=8（面），每次烙 2 个面，8 ÷ 2=4（次），4 块饼烙 4 次。”

阿呆终于也明白过来：“100 块饼都烙完正反面，就是烙 100 次，100 × 2 ÷ 2=100（次）。”

场下小伙伴们聊着，场上第三关题目已经出示了：请说出烙好 5 张饼的最快时间。

这次组委会不需要选手动手烙饼了，只要谁能先说出烙饼的最短时间就可以获胜。果然是呆瓜学园的比赛，透着浓浓的数学风。

小伙伴们都想到，5 是奇数，偶数的想法用不上了，看看这选手怎么交叉烙法。

麒麟瓜也有点摸不着头脑，毕竟 5 块饼交叉起来复杂了许多，她正犹豫如何下手。

只见阿瓜不慌不忙地做了一个动作。麒麟瓜愣了一下，拍了拍脑袋，把头上的厨师帽摘下来，抛了出去。

小伙伴们一阵哗然，原来按照规则，这是投帽认输的意思。

阿瓜简单的一个动作，怎么就能让麒麟瓜心悦诚服，投帽认输呢？

大家都好奇地围了上去。只看到，阿瓜面前的5块饼被分成了两个部分，左边3块，右边2块。

小呆奇怪地问："这是什么意思呢？"

阿呆叹了一口气说："唉，阿瓜这个想法真高啊！"

小呆焦急地说："你快说说阿瓜是怎么想的？"

阿呆又叹了一口气说："唉，我要是都看明白了，能算高吗？"

小呆鄙夷地问："那你还敢说这想法真高，真是的！"

阿呆说："你没看到组委会已经公布阿瓜是冠军了吗？肯定这个分法有道理啊！"

小伙伴们赶紧拦住下场的麒麟瓜，问她到底是什么情况。

麒麟瓜叹了一口气说："唉，阿瓜这个想法真高啊！"

小呆急了："你们怎么只会这么说？像5、7、9这样的奇数块的饼，该怎么烙最省时呀？"

麒麟瓜说："5 块饼分成 2 和 3，那么 7 块就要分成 4 和 3……"

一直不说话的木木瓜突然接口道："9 块就要分成 6 和 3……"

阿呆也接着说："99 块就要分成 96 和 3……"

说完，小伙伴们纷纷佩服地朝阿瓜跑去……只留下风中凌乱的小呆，他心想："到底为什么要分成一个偶数和一个 3 呢？"

不知过了多久，小呆终于"哦"了一声。

他想明白了！小朋友，你们呢？

阿瓜语录

任何一个奇数，都可以分成一个偶数和 3。偶数块的规律是几块烙几次，3 块的最快烙法是烙 3 次。因此，小呆和大家一样想明白了，原来阿瓜把 5 分成 2 和 3，就把烙 5 块的新问题转化成了烙 2 块和烙 3 块的旧问题——2 块烙 2 次，3 块烙 3 次，5 块自然就是烙 5 次咯！

校园寻宝大挑战

这天，呆瓜学园的操场上和各个功能室里穿梭着呆瓜小伙伴。他们一会儿出现在教学楼里，一会儿行进在校园中……

原来，呆瓜们满心欢喜地迎来了一年一度的校园寻宝大挑战。

说是寻宝大挑战，不如说是团队大作战！

你看，呆瓜们分成两组。第一组首先进行击鼓颠球的挑战。这是一个要求团队高度协作，并在执行过程中协调一致的项目。

“阿呆，下次你要接稳一些噢！”

“小瓜，别着急，我们努力再试一次！”

……

在这个过程中，第一组组员们遭遇了皮球落到地上、绳子上、组员身上等最终导致失败的情况。

但小伙伴们逐渐沉下心来，承受住失败的挫折，越挫越勇，持之以恒，最终成功完成了任务。

第二组，同时进行“不倒森林”的挑战。这个游戏项目要求挑战者保持棒子的直立，不允许挑战者用手抓。在保证自己的棒子不倒的前提下，迅速移动步伐将右手掌心按到相邻同伴的杆子上，保持棒不倒，必须连续换位 7 次才算成功。

在闯关过程中，开始时同学们瞻前不顾后，出现多次的失误。伴随着多次的失误，呆瓜们逐渐意识到这项挑战需要每个人相互配合。他们充分感受到了团队合作的重要性。

在最后挑战成功时，小伙伴们不约而同地为本组和另一组伙伴喝彩起来。

在交替闯关完成后，两组伙伴们一起挑战“环游学园世界”。

每一位呆瓜用手拉着呆瓜学园地图的边缘，让地图上的幸运球沿着规定路线到达目的地，但是不能让幸运球落地。

“哎，就差一点儿，不然我们就成功了！”

“书呆，你别急，动作慢一些，缓缓地移动。”

“麒麟瓜，你的手抬得太高了……”

……

活动中，呆瓜们逐渐从互相抱怨到主动调节位置，在宽容、理解和信任中，终于闯完最后一关。

“寻宝者”们也如愿以偿地见到了梦

寐以求的“宝藏”：每个人都领到了若干个福袋……

可是，在这场寻宝挑战中，阿呆领到的福袋里全是零食。他有点沮丧，他可是冲着初次发行的呆瓜币去的。这呆瓜币有呆币和瓜币两种。呆币上雕刻着所有呆字号小伙伴的头像，瓜币上雕刻着所有瓜字号小伙伴的头像，可有纪念意义了。

为了抚慰阿呆受伤的心灵，他的两个好朋友书呆和小呆商量：两人谁的呆瓜币总数多，就分给阿呆一个装有呆瓜币的福袋。

书呆说：“我有3个福袋，每个福袋里有4个呆币和5个瓜币。”

小呆说：“我有6个福袋，3袋是呆币，每袋4个；还有3袋是瓜币，每袋5个。”

那到底是谁的呆瓜币总数更多呢？

阿呆的精神马上来了，他在脑袋瓜里细细盘算一番：“书呆就3个福袋，而小呆有6个福袋，肯定是小呆多。看来，最后肯定是小呆要分享一个福袋给我。”

事实跟阿呆想的一样吗？

书呆算了算：“我有3个福袋，每个福袋里有4个呆币和5个瓜币。那么，每个福袋里有9个呆瓜币，3×（4+5）=3×9=27（个）呆瓜币。”

小呆说：“我有3袋呆币，每袋4个。还有3袋瓜币，每袋5个。那么，我的呆币总数是3×4=12（个），瓜币总数是3×5=15（个），所以一共是3×4+3×5=27（个）呆瓜币。”

阿呆暗想：“不对啊，书呆和小呆的呆瓜币总数竟然一样多啊！”

看着阿呆疑惑的表情，阿瓜赶忙出来解释道：“阿呆，3×（4+5）和3×4+3×5。我们不用算就能知道它们的得数是相等的。”不信你试试看。93×2+7×2和（93+7）×2这两个算式，得数是不是相等的？”

阿呆惊道：“还真是如此，都等于200。看来其中必有奥秘！”

“那咱们再来一组！27×38+73×38和（27+73）×38这一组算式你再算一算吧！”阿瓜又出了一道题。

“两位乘两位的计算啊。那可得算上好一会儿，我还是先找找奥秘吧。”阿呆为难了。

“哈哈，给你个提示。我们观察一下，27×38 可以表示有 27 个 38，73×38 表示有 73 个 38。”阿瓜提醒道。

阿呆大叫：“有道理，27 个 38 加 73 个 38，不就是一共有 100 个 38 吗？而（27+73）×38 也是 100 个 38。两个算式都表示 100 个 38，所以不用算就知道啦！”

“哈哈，这里其实就藏着大侠周末叫我们预习的知识‘乘法分配律’。你肯定没认真看过……”阿瓜说。

阿呆说：“呃……是，我还没认真看。不过这是个新知识，我这下总算有了深刻的领悟。”

“阿呆，你肯定会算 18×42 吧？！我们可以把这个算式看作 18×（40+2）=18×40+18×2=720+36=756。”阿瓜又想到了其他算法。

阿呆听完之后，疑惑地问：“阿瓜，你说的不就是竖式计算的过程吗？”

阿瓜点头说：“是啊，阿呆。其实我们之前学习的两位数乘两位数的竖式计算过程，就是把一个因数分成

一个整十数和一个一位数，分别去乘另一个因数，再把两个结果相加。”

阿呆恍然大悟道：“原来如此，看来乘法分配律还真不是一个新知识了。三年级我们学习两位数的笔算乘法就已经在应用这个运算定律了，只是当时我们学识尚浅，还不认识乘法分配律！”

阿瓜说：“阿呆你说得不错，数学学习常常如此，你不认识它，它却已经虐你千万遍啦！随着知识的积累，学识的增长，我们才能更好地融会贯通，认清它们的‘真面目’！”

“好了好了，言归正传，我还没拿到呆瓜币呢！”阿呆突然想起这茬。

对啊，书呆和小呆的呆瓜币一样多，那得怎么分配啊？

阿瓜笑着说：“别急啊，大家想想，如果书呆拿出

2个福袋，小呆该怎么拿福袋才能拿得一样多呢？”

阿呆想了想说：“书呆的福袋内有4个呆币和5个瓜币，拿出2个就是2×（4+5）个，小呆拿出2个呆币袋和2个瓜币袋，个数是2×4+2×5，2×（4+5）=2×4+2×5。对了，书呆给我2袋，小呆给我2个呆币袋和2个瓜币袋，就一样多了！”

阿瓜赞许道：“不错，用上乘法分配律就分配得公平了！”

小呆和书呆互相看了一眼，一起大声地说：“一点儿都不公平！凭什么要分走我们这么多呆瓜币！”

阿瓜笑着说：“哈哈，对的对的。你们每人各给阿呆一枚呆币和瓜币，阿呆分些零食给你们，这样才公平！”

宠物升级

这是呆瓜学园寻常的一天，天气特别好。

数学课前，小呆给大家分享了大侠布置的数学日记。这次大侠布置的数学作业让每个小伙伴都特别愿意完成，因为他要求每个人都写一篇最离谱的数学日记！这不，先看看小呆的吧——

早晨7点不到，我就从长2分米、宽12分米的大床上爬起来，拿起我那长17米、重25千克的牙刷，不到5小时我就洗漱完毕，抓起

妈妈特意为我准备的大约1平方米的肉夹馍，一边吃一边拿起一瓶250千克的鲜牛奶。

吃喝完毕，我立刻背起那3克重的大书包，只用了3秒钟就来到了学校。今天老师还表扬了我准时到校呢！

小呆出品，果然是离谱佳作。这个数学日记里的计量单位全是错的。长17米、重25千克的牙刷，这可是要媲美孙大圣的金箍棒呀！

今天，大侠挑小呆的作品来展示可是有目的的。原来今天这节数学课，大侠将带领呆瓜们走进VR体验馆中神秘的数量王国。

佩戴好VR眼镜的呆瓜们一抬头，看到许多单位和数字在王国的上空飘荡。

80厘米、1.32吨、250千克、1米45厘米、3.7米……

原来数量王国里的每一个数都分配到了一个宠物，

那就是他们的单位。

小伙伴们进入王国时，正赶上80厘米暗自悲伤。他觉得自己带的单位宠物太低级了，厘米是那么小的长度单位，太寒酸了，带出门多没有档次！可是厘米和他形影不离，走到哪儿就跟到哪儿。要想逛起街来比较拉风，宠物怎么着也得是米啊！

可是100厘米才等于1米，100−80=20。自己还差20厘米才是1米，80厘米叹了一口气说："唉！什么时候才能不带着寒酸的厘米啊。"

呆瓜们看到80厘米垂头丧气的样子，暗自觉得好笑。不一会儿，0.95米飘了过来，他和80厘米打招呼："嗨，你好，我亲爱的朋友！"

可是80厘米却完全没认出对方是谁。他连连退后，惊慌地说："你认错了吧？我并不是你的朋友。我的朋友和我一样，宠物都是厘米。"

只见0.95米不慌不忙地说道："80厘米，你怎么就不认识我了呀？上周末，我们还一起去公园放风筝呢！你怎么就不认识我了？太令人难过了吧！"

80 厘米吃惊地说："呀！原来是你，95 厘米，你的宠物怎么变成米了呀？"

0.95 米说："哈哈，我的宠物升级了。"

80 厘米说："宠物也能升级呀？"

0.95 米说："是呀，单位是可以换算的，而且升级的过程很简单，只要移动小数点就可以啦！"

80 厘米说："我的小数点在哪儿？"

0.95 米："这你就不懂了，不管你写还是不写，小数点都在个位的右下角。你往右下角看看，在个位后添上一个 0，你就变成了 80.0 厘米。"

80 厘米说："确实如此，但我还是想知道，怎么才能把宠物厘米升级成米呢？"

0.95 米："你知道 1 米 =100 厘米，宠物厘米升级成米，等级扩大了 100 倍。为了大小不变，只要把前面的数字 80 除以 100，小数点向左移动两位，宠物就升级成功了。这就是此消彼长的道理啊！"

80 厘米高兴地说："难道宠物升级这么简单吗？我来试试看！"话音刚落，只见 80 右下角的小数点向左移动成 0.80，接着宠物厘米升级，80 厘米华丽变身成 0.8 米。

80 厘米激动地叫道："我的宠物升级了！"

只见变身后的 0.8 米高兴地在原地转圈，宠物米和他形影不离，走到哪儿就跟到哪儿。

0.8 米问："可是我还能回到从前吗？"

0.95 米说："这简单，要回到厘米，你的宠物只要缩小到原来的 1%，只要把数字 0.8×100，就回到从前了。这也是此消彼长的道理啊，你看我！"

只见 0.95 的小数点移动两位成了 95，宠物收缩成了厘米，0.95 米变成了 95 厘米。

0.8 米说："哈哈，原来可爱的小数点能帮我完成升级的心愿！"

说完，0.8 米在两个宠物间玩起了自由切换，最后又变成 80 厘米。

1.32 吨、250 千克、1 米 45 厘米也都围了过来。

250 千克提出要求："我要升级！"而 3.7 米说："我要找回原来的宠物！"

最搞笑的是 1 米 45 厘米和 1.32 吨，他们的需求正好相反。1 米 45 厘米说："我只要一个宠物，带着两个太吵了。"1.32 吨却说："我能带着两个宠物吗？我不怕吵，越多越好！"

80 厘米和 0.95 米看到大家这么多要求，急忙叫着："你们要求这么多，我们可搞不定，谁能来帮忙啊？"

呆瓜小伙伴们一看，都跃跃欲试。

阿呆咳了一声说："宠物升级不就是单位换算嘛，这个，我们会！你们排好队伍不要挤。"

单位和数字们一听，大喜过望，都排着队等待呆瓜们的“整形门诊”开工。

呆瓜小伙伴们先后帮250千克和3.7米完成大改造。

1米45厘米和1.32吨的要求，还是费了大家一点儿时间。小呆端详了一番，对1米45厘米说：“看你‘骨骼清奇’，能够驾驭更高级的宠物，那就给你保留米这个宠物吧。”

说时迟那时快，阿呆念念有词：“1米=100厘米，45厘米=0.45米，去吧，1.45米！”

1.45米得偿所愿，欢天喜地地称谢后飘走了。

1.32吨的“整形手术”轮到书呆上场了。她胸有成竹地说：“你要带着两个宠物，简单！1.32吨可以看作1吨和0.32吨两个部分，把0.32吨的单位切换一下就有两个宠物了。1吨=1000千克。要把0.32吨的宠物‘吨’缩小到原来的1‰变成‘千克’，只要把数字0.32×1000=320就好了，这就是……”

小伙伴们异口同声地说：“这就是此消彼长的道理啊！”

就这样，1.32吨变成1吨320千克，他也如愿以偿地带着两个宠物飘走了。

至此，呆瓜们的整形门诊大获全胜。

今天的VR之行令人印象深刻，小伙伴们回到教室后还聊个不停。

小呆总结说：“数量王国可真神奇，数字出门的时候要带上适合的宠物，如果带错宠物可就闹了大笑话了。这就是我写日记的亮点了！”

书呆最后还补充了一句：“有时候，宠物如果应用起来不方便，还要记得可以随时给宠物升级或降级变身哪！”

小数点的魔力

“阿呆，明天呆瓜学园要组织大家去春游，今晚要早点睡觉，不然明早车子可是不等你的呀！”妈妈在客厅对着还在玩的阿呆说道。

一语点醒阿呆，他赶紧洗漱一番，冲进卧室爬上床，很快就进入了梦乡。

梦乡中，呆瓜们来到了一座棕色的城门前。大家轻轻地推开城门，里面全是各式各样的数，有一位数、两位数、三位数……总之你能想到的数全部都有。

走着走着，呆瓜们的肚子有点饿了，他们走进一家面包店：“哇，好家伙！一个面包1370元，这么贵！”顿时，呆瓜们放弃了买面包的念头，打算买瓶水解解渴就好。不看不知道，一看吓一跳！一瓶矿泉水也要200元，这可怎么办？呆瓜们感到十分恐慌，看来只能挨饿了。

就在这时，从城堡里走出一个士兵装扮的数字8。他冲着身边的一群数字喊道：“小数点找到了吗？还没有？那赶快去找呀，数字世界都乱套了！”数字们边嚷嚷边分头跑开了。

阿呆拉住身边的一个数字0，问道：“为什么你们都在找小数点啊？”

0回答：“难道你没发现身边的物价都成百倍地上涨了吗？这就是小数点逃跑带来的灾难。”听完这话，呆瓜们恍然大悟，怪不得商场里的东西都贵得离谱！

于是，呆瓜们也加入了寻找小数点的大军。

夜深了，和嘈杂的城堡比，城门外显得异常安静。突然，眼前闪过一个黑影，圆圆的，小小的，它会是小数点吗？

呆瓜们连忙追上去，冲那个黑影喊道：“嘿，你是小数点吗？快停下！”

那个黑影愣了一下，继续跑了起来。就是这一愣给呆瓜们争取了时间，大家一齐扑上去，抓住了它。“小数点，你知不知道你这么一走带来了多大的危害？！数字世界里的生活全部乱套啦！赶快跟我们回去吧。”

小数点不以为然地摇了摇头，说：“我为什么要回去？你可知道人类对我多么不重视？今天我就遇到了一个马大哈！有一道题要求应用小数的性质来解答，将30.400进行简化。知道他的答案是什么吗？304！他去掉了小数末尾的0，同时把我也给去掉了，这算什么？”听了这话，阿呆的脸一下就红了，这个马大哈，说的好像就是他！还好还好，小数点一心只想表达他的观点，并没有注意到阿呆的神情是多么尴尬。

小数点接着又说道：“其实，这个城里的人们对我不重视，完全是受了0的蛊惑！”听了这话，

呆瓜们都好奇极了。阿呆说："是不是误会了呀？我们看到0也着急地找你呀。"

小数点说："我并没有误会，0认为就是因为有了小数点后，许多场合它们才失去了作用，所以到处宣传小数点是没用的，这才出现了许多人不重视小数点的情况。"

说到这儿，书呆插话了，她说："其实我也一直有个疑问，有了小数点，许多0就没用了，你们看0.1=0.10=0.100=……，那0.10、0.100、0.1000等的这些0有什么用？一个简单的0.1不就可以代表全部吗？"

小数点气愤地回答："对啊，这就是它们的道理！0还到处说跟我们有不共戴天之仇，有小数点就没有0呢！"

阿瓜解释道："书呆，虽然0.1、0.10和0.100它们的大小一样，但是0.1是一位小数，0.10是两位小数，0.100是三位小数……"

阿呆说："我知道，我知道，不过根据小数的性质，0.10和0.100把末尾的0去掉，不就都变成了0.1吗？本来在自然数中，0可重要了，加上一个0，这个数就扩大10倍。”

“对啊，加上两个0，就扩大100倍，可自从有了小数点，小数末尾的0就彻底没有价值了。”阿亚呆也接着说。

阿瓜肯定地点了点头：“没错，小数末尾添上0或去掉0，小数大小不变。但是阿呆，这三个小数所表示的意义是不一样的。0.1表示的是1个$\frac{1}{10}$，0.10表示的是10个$\frac{1}{100}$，而0.100表示的是100个$\frac{1}{1000}$，他们的计数单位是不同的。”

阿呆说道：“大小相同，但是它们所表示的意义是不同的，这个解释我接受。可是这些不同意义的数有存在的意义吗？”

阿瓜笑了，说：“阿呆，你知道近似数是0.1的两位小数有哪些吗？”

阿呆想了想回答：“0.1是一位小数，根据四舍五入原则，两位小数0.05可以约等于0.1，还有0.06、0.07、0.08……最大应该是0.14，0.15近似数就是0.2了。我知道了，近似数是0.1的两位小数在0.05～0.14这个范围内。”

阿瓜又问：“那你知道，近似数是0.10的三位小数有哪些吗？”

阿呆说："最小的是0.095，最大的是0.104。哇，它的范围变小了！"

阿瓜说："阿呆，其实你说的范围变小了，指的就是0.10比0.1的精确度高了。"

阿呆恍然大悟："怪不得在课堂上，呆瓜大侠说保留一位小数叫作精确到十分位，保留两位小数叫作精确到百分位。看来，保留的位数越多，这个数就越精确。"

阿呆接着说："看来0.1、0.10、0.100……它们虽然都相等，但末尾的这些0都有存在的意义呀！"

阿瓜赞同道："对，每一个数都有它存在的意义，就像世界万物都有它生存的意义。"

听了这些分析，阿呆不好意思地对小数点说："小数点，对不起！不仅是0，我们开头也没想明白其中的道理，我们一起去跟0解释清楚吧。"

善良的小数点听了这些话，心一下子就软了。他对阿呆说道："没关系，只要大家能掌握小数点移动引起的变化和数位的道理，我的存在就有了意义！"听了这话，呆瓜们连忙点头，将小数点带回了数字王国。

城堡里欢呼声阵阵。数字们奔走相告："小数点回来了，小数点回来了！"

至于0呢，在呆瓜们的解释下，他主动找小数点道歉了。

就在这时，妈妈的声音突然在阿呆耳边响起："阿呆，快起床，你要迟到啦！"原来只是一个梦啊。阿呆赶忙起床准备去春游。

这场梦，让阿呆终于知道了小数点的重要性。假如没了小数点，这一大包春游零食将"价值连城"，人类的生活也会乱套了！

“万能”的三角形

“同学们，上课铃声响了，请大家回到教室，准备上课……”

这时，呆瓜学园四年（1）班的教室里已经安静了下来。今天轮到阿瓜给大家讲课前故事啦！只听阿瓜正在讲的是“亡羊补牢”的经典故事。

阿瓜问：“同学们，听完这个故事，你们有什么感想？请大家上台来分享一下吧！”

书呆说：“人不怕做错事情，就怕做错了事情不及时改正。更重要的是不要一错再错，这样才能防止更大的损失。”

麒麟瓜说：“不要对存在的失误抱有侥幸心理，认为失误的产生只是意外。而是要在认识到自己的错误后，

就及时改正，不要一错再错。否则时间长了，可能连最后补救的机会都没有了。”

阿瓜说：“大家的见解都非常深刻，而且有价值。现在班长阿呆也想给我们分享一下近来学校‘开心农场’里发生的事，看看我们该如何解决。”

阿呆说：“我一直以为偷羊、偷菜这些事是故事中才会发生的，可居然在现实中真的发生了！我们班负责的‘开心农场’，最近惨遭破坏。原来围的篱笆丝毫没起到作用，而且还东歪西倒地压着我们的菜地。大家一起商量看看该如何及时地‘亡羊补牢’。”

“我们把篱笆重围一下，就可以防止校外的猫、狗等小动物跑进去破坏了。”

“是不是篱笆围得不牢固，风吹一下就倒了呢？”

“之前我去农场时发现篱笆的缝太大了，是不是缝要小一些呢？”

……

呆瓜们七嘴八舌地交流起来了。这时候，阿呆打开一张原来农场的图片，说道：“大家都想要改变篱笆，那先看看原来的篱笆到底有什么问题。”

木木瓜挠了挠脑袋说：“这个篱笆一根根竖插入泥土中，再用钉子横向钉了两排木料。可是这些钉子松了后，篱笆就变得歪歪斜斜的，像是一个个平行四边形。可是课上我们学习过，平行四边形很不稳定，这样肯定不行！”

小呆问：“既然平行四边形不稳定，那要怎么改变篱笆呢？”

“我们可以把篱笆拆了重新围，围成三角形就会很稳固了！”有人提出。

“拆掉太麻烦了，我们是不是可以直接在中间再钉一根木条，这样也可以变成一个个三角形，那就不容易变形，比原来稳固了！”有同学补充道。

大家商量后达成了共识，采用不拆除的方式进行改造！呆瓜们纷纷庆幸“亡羊补牢”为时不晚，以后将更加用心去保护自己种下的植物。

经过这次成功的改造后，阿呆发现“三角形的稳定性”真是好用。

这不，暑假到了，阿呆和爸爸妈妈一起回乡下老家，老家的大门上装着一个推拉伸缩铁门。进门时，阿呆发现伸缩铁门因为年久失修，拉起来有些松动，“咯吱咯吱”地响。

他想起三角形具有稳定性，于是自告奋勇说：“爸妈，这个我擅长，让我来搞定这个铁门吧！”

于是，阿呆准备好铁丝和铁片，第二天一早就开始鼓捣铁门了。他把铁门拉开，发现折叠处拉开都是一个个的平行四边形。他心想：怪不得这么松，平行四边形那可太不稳定了，看我的！

接下来发生的事情，大家都猜到了吧？阿呆用铁线将每个平行四边形的对角位置都绑上了一个铁片，松松垮垮的平行四边形统统变成了稳稳的三角形。

忙了一早上终于竣工了，他志得意满地看着自己稳稳的作品，感到了稳稳的幸福。

阿呆摇了摇铁门，不出意料，铁门纹丝不动，一点儿异响都没有。他心想：知识的力量真是无穷的。

这时，妈妈在院子里喊他进来吃水果。阿呆愉快地答应一声，就要拉门进去……

如他所愿，这时候的三角形可真是太稳固了，稳固到阿呆使出“洪荒之力”都拉不动。他发现他把自己堵在外面了！

“阿呆，你这是要把我们关在家里吗？”妈妈端着水果走出来了，“你赶紧想想办法呀！”

阿呆双手抓着铁门，想到自己把自己关在门外，不

禁羞愧万分。他突然记起来，呆瓜学园的大门口也有电动伸缩门，它就是做成平行四边形的。虽然平行四边形具有不稳定性，容易变形。但推拉伸缩铁门恰好就是要应用它易变形的特性，而自己却把伸缩门改造成固定的三角形！门是牢固了，但也就无法推拉了。

好吧，来不及惭愧了，赶紧动手拆除障碍吧，一定要在爸爸回来之前处理好！否则，爸爸一定会摸着阿呆的脑袋，语重心长地说：“阿呆，你懂得应用数学知识，这点非常棒！不过，知识要灵活应用，根据不同场合做不同的选择哟！”

不服气的阿呆

这一天，数学课上正学习《三角形的内角和》。呆瓜大侠有个习惯，像这样可以自己探究的内容，他总是让呆瓜们自己动手、交流、辨析，然后发现秘密，掌握知识。

起初，同学们都怀疑是呆瓜大侠想偷懒。你瞧，他话都不用说几句，这课上得好轻松。

不过，这样的上课方法，往往让呆瓜们有了更多质疑的勇气，毕竟都是同学们的观点，谁对谁错还不一定呢！

今天，大侠就又来这一招了。他说：“呆瓜们，今天我们要学习三角形的内角和，大家觉得可以交流哪些话题？你们都提出来看看能不能解决。”

呆瓜们纷纷举手，抛出了如下问题：三角形内角和该怎么探究？正方形、长方形的内角和是多少度？不规则四边形的内角和是多少度？五边形或者多边形的内角和又可以怎么解决呢？……

"昨晚，我叫大家准备一个自己喜欢的三角形，咱们今天就边观察自己的三角形边思考吧！"大侠开心地说道，"开始行动吧，试着探究一下三角形的内角和是多少度，有什么规律。"

教室里一下子热闹起来，大家都动手操作起来了。

木木瓜正发愁呢，原来他忘了大侠的这个任务，今天没有带来一个三角形。

不过他突然灵机一动，飞快地拿起学具袋里的一副三角尺说："你们看，这也是三角形啊，它的三个角分别是90°、45°、45°，那么内角和是180°。另一个三角板的三个角分别是90°、30°、60°，内角和也是180°。"

而阿呆拿着量角器开始量自己带来的三角形，量出三角形3个角的度数分别是41°、52°、90°。于是他举手告诉大家："你算的是特殊的三角形，可是，我量出来三角形的内角和是183°，这是怎么回事啊？内角和是会变化的吗？"

阿瓜说："不对，我量的是180°。"

"我也是。"

"我也是。"

书呆、小瓜也纷纷反驳道。

阿呆得意扬扬地说："看来我的三角形内角和最大。"

阿瓜说："别激动啊阿呆，你这183°应该只是测

量的误差而已！”

书呆说：“阿呆，你难道没听说过三角形内角和都是 180° 吗？”

阿呆红了红脸，说：“我怎么不知道？可是我测完 3 个角加起来就是 183° 呢！你们怎么证明我是错的呢？”

这时，静静思考的小呆站起来说：“测量 3 个角就有 3 次误差机会，刚刚，我把这 3 个角剪下来，拼在一起。这样只要量一次，就会比较准确。我用量角器量了一下，刚好是一个平角，也就是 180° 。”

小瓜说：“小呆，你的方法真不错，这样就不用每个角都量，只要量一下最后拼成的这个大角就好了。”

阿亚呆说：“对的，把 3 个角折在一起，一眼就看出拼成了一个平角，所以三角形内角和是 180° 。”

“真不错，只要能把 3 个角合在一起，不管是先测量再计算，剪后拼起来，还是折完拼起来，都能发现三角形的内角和是 180° 。阿呆，你的测量还存在误差，再仔细量一量哟！”木木瓜恍然大悟说道。

这时候，阿瓜也说道：“是啊，方法多样，但最后殊途同归，都是把 3 个角合在一起转化成一个学过的平角，这样连测量都省了。数学神器——‘转化’大法真牛啊。”

小伙伴们说得头头是道。可是，倔强的阿呆不以为然，凭什么只说自己的测量有误差，量一次难道就没有误差了吗？

他说：“就算你们拼出一个大角，你们就能保证这是平角吗？”

“一眼就看出是平角啊，就算用量角器测量，也可以看出角的两条边在一条直线上。”小瓜说道。

“既然是测量，你们怎么不承认有误差，万一是 180.1° 呢？”阿呆继续坚持。

“阿呆，你这样就是嘴硬了！”

“阿呆，你这样就不对了。”

“阿呆，你就从了吧。”

……

小伙伴们都劝说阿呆放弃抵抗。这时，一言不发的大侠或许是休息够了，开始插话了。大侠不说则已，一说惊人，他居然支持阿呆的坚持！

“呆瓜们，我也认为阿呆说得有道理。凡是测量出来的结果都可能有误差，咱们确实不能靠肉眼观察保证拼出的一定是平角！”

“那难道书本上写的错了吗？”小瓜提出质疑。

大侠说：“三角形的内角和是 180° 当然是个不折不扣的真理，但是阿呆勇于提出质疑则是我们学习中应该提倡的好习惯。其实，很早以前就有小数学家研究过这个问题！”

阿瓜说："大侠，我们只听说有大数学家，怎么还有小数学家呢？"

大侠笑着说："小数学家，那就是指数学家小的时候啊。"

啊，数学家小的时候还能算是数学家吗？大伙儿知道大侠一定有数学故事要告诉他们了，都静下来等着大侠开讲。不过这节课大侠似乎铁了心不想说太多话。

他说：“同学们，你们听说过帕斯卡吗？帕斯卡原名布莱士·帕斯卡，是法国著名的数学家、物理学家、哲学家和散文家。在他小时候，就表现出来很高的数学天赋，你们查查他在十岁时是怎么证明出三角形的内角和是180°的吧。”

话音刚落，下课铃声正好响起来。大家目送大侠走出班级后，都急忙围在一起，商量今晚回家如何查帕斯卡的三角形内角和的故事……

玻璃“凶手”

周末到了，喜欢体育运动的丝瓜组织了几个同学到小区里玩。大家在木木瓜家楼下的一块小空地里玩起了五人制的男女混合足球对抗赛。

大伙儿摆好阵型正要开踢，眼尖的丝瓜突然发现场地旁有些异样。

他招呼大伙儿一同到球场旁边的墙边查看。好危险！原来是地上躺着几片碎玻璃。

木木瓜抢先说：“啊，这是李阿姨家的玻璃，只有她家有这种三角形的玻璃窗。”

大家认真一看，三块玻璃凑起来果然是一面三角形窗户的形状。

丝瓜叹了口气说：“没错，上午我路过这儿时，它

还是好好的，怎么这下子就四分五裂了呢？”

木木瓜突然记起来，他说：“早上我在家看书，突然听到楼下一阵喧哗。我探出脑袋，看到热带鱼、小蚊子、乐天派、快捷键他们 4 个人在楼下踢毽子，莫非是他们把李阿姨家的玻璃打碎了？”

小伙伴们心想，打碎玻璃这件事情要是没有弄个明白，大家在这里踢球被误会是“凶手”就百口莫辩了，于是，小伙伴们商量着去问问楼管员小吴。

大家找到小吴，七嘴八舌地问他。小吴听了大家的

想法，笑着说：“别担心，破坏者早就承认了。”

大伙儿追问到底是谁弄破的。小吴却慢悠悠地卖起了关子。

他说：“热带鱼说是小蚊子干的，小蚊子说是快捷键干的，乐天派说不是他干的，快捷键说小蚊子在撒谎。他们四个当中，有三个说了假话。你们猜是谁打碎了李阿姨家的玻璃呢？”

木木瓜着急地说：“小吴同学，你说了这么多，累不累啊！直接告诉我们破坏者是谁不就好了？！”

“哼，你想考倒我们没那么容易！容我好好想想！”书呆扶了扶她鼻梁上的厚眼镜。

这时，旁边传来了一个声音：“已知，他们四人中有三个人说了假话，那么，有以下几种情况。如果是热带鱼做的，那么热带鱼、小蚊子在说谎，乐天派没说谎，快捷键没说谎，只有两个人说谎，矛盾；如果是小蚊子做的，那么小蚊子在说谎，热带鱼、乐天派、快捷键没说谎，矛盾；如果是乐天派做的，那么热带鱼、小蚊子、乐天派在说谎，快捷键没说谎，符合；如果是快捷键做的，那么热带鱼、快捷键在说谎，小蚊子、乐天派没说谎，矛盾。所以，我非常确定以及肯定地告诉大家，是乐天派做的！"在一旁默不作声的麒麟瓜，上来就是"噼里啪啦"一通说，把小伙伴们都惊呆了！

小吴哈哈笑着竖起来大拇指说："麒麟瓜，你可真有一套！对啊，就是乐天派，他使出了一招'神龙摆尾'——一毽子踢下了这块独一无二的玻璃。"

这下水落石出了，不过小伙伴们都心有余悸，心想自己踢球的时候也要更加小心——要是足球飞到楼上，对玻璃的杀伤力可就更大了。

小伙伴们都觉得有道理。可是，这三角形的玻璃就这么躺着，乐天派怎么也不来处理呢？说曹操，曹操就到，这不，乐天派满头大汗地跑来了。原来他回去拿了钱，正要过来带着碎玻璃去玻璃店定制呢。

小伙伴们又围了过来，七嘴八舌地给乐天派出主意。

这个三角形玻璃碎成了三块，肯定得拿去玻璃店重新定做。可是玻璃太重了，最好只选其中一块带去重新配。到底要带哪一块玻璃才能配到和原来一样的三角形玻璃呢？

乐天派说：“我打算带第一块玻璃去，这块最小，到店里把这个角的两条边延长后，就可以还原整块玻璃了。”

木木瓜说：“哈哈，小是小了，可是这两条边要延长多少才能和原来的一样呢？”

小瓜说：“这还不简单？现在量下尺寸就好了。”

阿瓜说：“是有道理，可是毕竟测量是存在误差的。”

阿呆说：“仔细琢磨了一下，我觉得还是带第三块去吧！第三块玻璃里已经有两个角了，我们也像刚刚乐天派说的那样，延长它的两条边，不平行的两条线必会相交。”

书呆问：“那还需要测量这两条边的数据吗？”

阿呆说：“不用，这是一个三角形，它具有稳定性。我们延长这两条边，它们的交点只有一个。”

阿瓜道：“三角形的内角和是180°，这是不变的，选上面有两个角的第三块，两边延长相交后就可以得到和原来一样的玻璃，也就是两个角度数定下来，另一个角的度数就是固定不变的。如果只有一个角的度数定下来，另外两个角的度数不能确定。”

小伙伴们经过讨论，最后确定下来，建议乐天派带上第三块玻璃去玻璃店配玻璃，尽快安装好玻璃，并向李阿姨道歉。

呆瓜们又运用数学方法解决了难题，真是了不起！

一般一般，真不简单

这天，呆瓜学园的闭学式结束，愉快的暑假即将开始。阿呆邀请呆瓜们一起到家吃午饭，共同庆祝暑假的到来。正好，爸爸的同事老李叔叔也来家里做客。

午饭时，老李叔叔问起了小伙伴们的期末成绩："来,小朋友们都说说这次期末考数学考得怎么样啊？"

阿呆正要回答，老李叔叔打断他，说："我先猜猜吧。"

"100 分？"

"不对！"

"60 分？"

"更不对！"

"好吧，瞎猜可猜不到，阿呆你公布答案吧。"

阿呆想了想说：“按我们大侠所说，我考得不错，95分。”

“听分数还不错，你们几个考得如何呀？”老李叔叔问其他人。

“……老师没有说分数呀！”

“难道老师没有告诉大家每个人的成绩吗？”老李叔叔很惊讶。

“李叔叔，是这样的。这次期末考试，呆瓜大侠没有告诉我们每个人的成绩，他只是说了这次我们考得都很不错，数学学科的期末平均分是95分。”

爸爸在旁边听了，问：“平均分95分，阿呆，你怎么确定自己考了95分呢？”

“平均完每个人不就是一样多，都是95分了吗？”阿呆顽皮地笑着说。

“阿呆，你可真是‘好样的’！欺负爸爸不知道平均数的意思吗？那现在请你好好说说，平均 95 分是怎么得来的？”

“考得好的同学，把自己的分数分一些给考得不好的同学，让大家的分数变得一样多，这个数就叫作平均数。”阿呆说得头头是道。

“分数高的分给分数低的，你说高分同学真的愿意吗？”老李叔叔继续问。

小伙伴们都被李叔叔的问题逗笑了。小瓜接口说道：“哈哈，叫我把分数分给别人，我可不愿意，不过平均分是假装给，不是真的给啊。”

老李叔叔也笑了，说：“是这个道理，但你们想想班级平均 95 分，能说明阿呆也考得不错吗？”

阿呆说：“我们班平均分 95 分，说明我们班总体实力不错，强班里无弱者！那说明我肯定考得也不错啊！”

老李叔叔不依不饶地说：“总体水平不错，可也不能说明你的水平一定就是好的啊！万一你是属于需要别人分点分数给你的那一位呢？”

小伙伴们都笑了起来。

爸爸说："你自己评估一下，以这个学期在家的几次模拟测试为准，你的分数是属于拉高班级整体水平，还是拉低水平的呢？"

"这样呀，容我算算。这学期我在家共做了5次模拟测试，分别是95分、92分、94分、93分、96分。"

老李叔叔召集大伙儿："来来来，大家都来算算阿呆五次的平均分吧。"

小呆的方法大家也都想到：（95+92+94+93+96）÷5=94分。

"不错，继续，还有没有其他方法呢？"老李叔叔说。

麒麟瓜突然喊了一声："还记得大侠的'乾坤大挪移'求法吗？"

大家哈哈笑起来，麒麟瓜说的不就是课上说的"移多补少"法吗？

原来麒麟瓜用的方法就是把高的分数分给低的分数，95分给93一个1，96分给92一个2，匀着匀着就

一样多了，平均分也算出是94。

不过，老李叔叔似乎还不满足，他又扫视了一圈小伙伴，仿佛在等下一个方法的出现。大家向阿瓜投去了求助的眼神。

阿瓜果然出手了：“求平均数有个窍门，就是先在这些数中确定一个基准数。比如，阿呆你的成绩都在90分以上，我们就以90为基准数。然后把5次成绩分别比基准数多出的分数加起来，也就是5+2+4+3+6=20分，所得的数除以5得到的商，再加上基准数，就是所求平均数。”

“阿瓜，果然这种方法可以。我们算出来，每次都比基准分多了4分，所以平均分就是90+4=94分。这样求平均数速度快，计算量小，是一种好方法。”阿呆说。

听了小伙伴们的这些回答，老李叔叔满意地点点头，说：“阿呆，你看，5次的平均分94比95略低了一点儿，看来这次期末，你还是有可能拉低平均分的噢。”

阿呆不服气地说：“那也不一定，说不准，我超常发挥了！成为拉高平均分的那个，哈哈。”

小瓜在一旁又开口了："94分还是95分，说来说去都是平均分数，真正的分数谁也说不准，这平均数有啥用啊？说了跟没说一样。"

老李叔叔也被逗笑了，他说："平均数可有用了，你看，一开始我猜阿呆的分数都是瞎猜的，因为我不了解阿呆的数学水平，现在我可不会再猜这两个分数了。"

小瓜若有所思，说："现在你可能会猜阿呆考了90多吧？"

"对啊，现在我已经大概了解了阿呆的数学水平呢！"老李叔叔开心地说。

麒麟瓜突然又喊了一声："对了，这就是大侠说的，平均数能表示一组数据的一般水平。"

小伙伴们一听，想起来课堂上的故事，都异口同声地喊着："哈哈，一般一般，阿呆的水平也很一般啊！"

老李叔叔看着开心的呆瓜们，笑着说："一般一般，你们可不简单啊！"

今天我看店

木木瓜的爸爸开了一家修车店。这天，爸爸出门办事，留下木木瓜独自看店。

瞧瞧正在看店的木木瓜，他脸蛋通红，睡眼惺忪……

“有人在吗？”这时店里来了位客人。木木瓜揉了

揉惺忪的睡眼，赶忙问客人有什么需要。

原来，客人想要给他的工具车租赁店里的旧车换轮子，因为数量较多，所以事先来打个招呼，请木木瓜务必提前准备好。

木木瓜说他肯定办好，并马上记下了型号。总共35辆车，有的是三轮车，有的是手推车，一共需要94个轮子。

收了客人的定金后，木木瓜把客人送到了门口。

客人临走时说："3天后我就来取轮子，你一定要准备好啊！"

木木瓜说："哎哟，您就放心吧！"

客人没走一会儿，小伙伴阿瓜、阿呆他们几个人来店里找木木瓜玩。木木瓜开始向阿瓜炫耀，他接了个大单子，一下子卖出去94个轮子呢！

"可是店里没这么多轮子，还好客人3天后才来。"木木瓜想着，要赶紧打电话给爸爸叫他订轮子。

爸爸在电话那端，也难掩开心："木木瓜，客人要的是什么型号的轮子呀？"

木木瓜说：“三轮车和手推车装的都是轮子，难道不一样吗！”

爸爸赶忙说：“错啦，错啦！三轮车和手推车装的虽然都是轮子，但是型号不一样，所以两种轮子要分开来定啊！你知道三轮车和手推车各几辆吗？”

木木瓜说：“客人也没说啊！”

爸爸焦急地问：“那你有没有留客户的联系方式？”

木木瓜一时语塞。

爸爸问：“那两种型号的轮子各订94个怎么样？”

木木瓜快要哭了：“那钱不够啊……”

这时站在旁边的阿瓜突然想到：“我们先不管是三轮车还是手推车，总共35辆车，94个轮子，对吧！”

木木瓜说：“是呀！”

阿瓜说：“我们知道三轮车是3个轮子，手推车是2个轮子的，对吧？”

木木瓜说：“没错呀！”

阿瓜说：“这不就是我们刚刚学习的‘鸡兔同笼’问题吗？”

木木瓜说：“哪来的鸡和兔啊？”

阿瓜说：“‘鸡兔同笼’问题并不一定只能解决鸡兔问题，我们可以把 35 辆车看作是 35 个头。”

木木瓜恍然大悟：“对了，那 94 个轮子就能当作 94 只脚了。”

阿瓜笑着说：“没错，咱们就用上假设的方法试试看！我们先假设每辆车都有 2 个轮子。35 辆车安装完后，就要用 70 个轮子。”

木木瓜说：“实际是 94 个轮子，还剩 24 个轮子。”

阿瓜说：“对啊，这 35 辆车不全部都是 2 个轮子的，还有一些是3个轮子的，是吧？”

木木瓜说：“你说得对！”

阿瓜说：“三轮车比两轮车多1个轮子。我们只要把多出来的轮子给每辆车再加上1个轮子，就会有3个轮子的车了啊！”

木木瓜抢先说：“24个轮子，一辆加一个轮子，当然有24辆三轮车咯！”

说到这里，两个小伙伴激动万分。是啊，终于真相大白了，原来35辆车中三轮车有24辆，手推车那当然是11辆了。

爸爸在电话那端提醒：“这个结果是准确的吗？要核算一下啊，准备错了可不好！”

这回两个小伙伴可有信心了。

连木木瓜也自信地说：“肯定没问题了，24辆三轮车，$24\times3=72$（个），11辆手推车，$11\times2=22$（个），$72+22=94$（个），搞定。”

阿瓜说：“我们还可以换个角度验证一下，比如假设全是3个轮子的车，试试能不能得到和这个一样的结果！”

木木瓜说：“好吧。先确定一下如果全部是 3 个轮子的车，35 辆车需要多少个轮子。”

阿瓜说：“35 × 3=105（个），需要 105 个轮子。”

木木瓜说：“但实际上只有 94 个轮子。轮子这回不够用了。”

阿瓜说：“没错。105−94=11（个），这 11 个轮子少在哪儿呢？”

木木瓜说：“手推车比三轮车少 1 个轮子，每辆三轮车取 1 个轮子下来就可以了。”

这下，电话那边的木木瓜爸爸都明白了，取下 11 个轮子，就从 11 辆三轮车变成 11 辆两轮车了。

木木瓜说："嗯……没错了，取下了11辆车的1个轮子，所以35辆车中手推车有11辆，那三轮车当然是24辆了。"

阿瓜说："看，这样算的结果和前面的一样吧？这下您可就放心吧！"

木木瓜爸爸开心地说："真的呢！真是太感谢小伙伴们啦！"

木木瓜也激动地说："我上课时，就觉得哪有鸡兔住在一个笼子里的情况呢？原来学的是用'鸡兔同笼'的思维方式来解决问题。"

就这样，3天过去了。

木木瓜兴奋地对阿瓜说："阿瓜，那天真是太感谢你了！今天客人过来取轮子时，还和爸爸夸我，说我真聪明，那天走得匆忙，忘记告诉我三轮车和手推车各有几辆了，没想到我竟然准备得准确无误！"

虽然这次木木瓜完成了客人的要求，但他吸取了教训，下次接待客人时一定要仔细问清要求，可不能再这么粗心大意了！

图书在版编目(CIP)数据

我是“大富翁”:四年级/林灯著. 一福州:海峡文艺出版社,2023.5

(呆瓜学园的数学故事/陈传兴主编)

ISBN 978-7-5550-3201-4

Ⅰ.①我… Ⅱ.①林… Ⅲ.①小学数学课一教学参考资料 Ⅳ.①G624.503

中国国家版本馆 CIP 数据核字(2023)第 083796 号

我是“大富翁” 四年级

林 灯 著

出版人	林 滨
责任编辑	蓝铃松
出版发行	海峡文艺出版社
经 销	福建新华发行(集团)有限责任公司
社 址	福州市东水路 76 号 14 层
发行部	0591—87536797
印 刷	福州印团网印刷有限公司
厂 址	福州市仓山区十字亭路金山街道燎原村厂房 4 号楼
开 本	700 毫米×1000 毫米 1/16
字 数	60 千字
印 张	8.75
版 次	2023 年 5 月第 1 版
印 次	2023 年 5 月第 1 次印刷
书 号	ISBN 978-7-5550-3201-4
定 价	28.00 元

如发现印装质量问题,请寄承印厂调换